História
Entrelaçada 3

Neusa Barbosa Bastos
Dieli Vesaro Palma
(Organizadoras)
IP-PUC/SP

História
Entrelaçada 3

A construção de gramáticas e o ensino de Língua Portuguesa na segunda metade do século XX

Autores
Dieli Vesaro Palma
José Everaldo Nogueira Jr.
Maria de Fátima Mendes
Maria Ignez de Mello Franco
Maria Mercedes Hackerott
Marilena Zanon
Maurício Silva
Miguél Eugenio Almeida
Nancy dos Santos Casagrande
Neusa Barbosa Bastos
Patrícia Leite Di Iório
Regina Helena Pires de Brito
Rosemeire Leão da Silva Faccina
Sandra Alves da Silva
Sônia Maria Nogueira
Vera Lucia Harabagi Hanna

LUCERNA

© 2008, by Neusa Maria Oliveira Barbosa Bastos e Dieli Vesaro Palma

Direitos de edição da obra em língua portuguesa no Brasil adquiridos pela EDITORA NOVA FRONTEIRA S.A. Todos os direitos reservados. Nenhuma parte desta obra pode ser apropriada e estocada em sistema de banco de dados ou processo similar, em qualquer forma ou meio, seja eletrônico, de fotocópia, gravação etc., sem a permissão do detentor do copirraite.

EDITORA NOVA FRONTEIRA S.A.
Rua Bambina, 25 – Botafogo – 22251-050
Rio de Janeiro – RJ – Brasil
Tel.: (21) 2131-1111 – Fax: (21) 2286-6755
http://www.novafronteira.com.br
e-mail: sac@novafronteira.com.br

Imagens da capa:
São Paulo — ©iStockphoto.com/Celso Pupo Rodrigues
Museu Niemeyer — ©iStockphoto.com/Celso Pupo Rodrigues
Olinda — ©iStockphoto.com/Franck Camhi
Congresso Nacional — ©iStockphoto.com/John Sigler

CIP-BRASIL. CATALOGAÇÃO-NA-FONTE
SINDICATO NACIONAL DOS EDITORES DE LIVROS, RJ

H58 História entrelaçada, 3: a construção de gramáticas e o ensino de língua portuguesa na segunda metade do século XX / Neusa Barbosa Bastos, Dieli Vesaro Palma (orgs.). - Rio de Janeiro : Nova Fronteira, 2008. - (Lucerna)

ISBN 978-85-209-2072-5

1. Língua portuguesa - Gramática - Historiografia. 2. Língua portuguesa - Estudo e ensino - História. I. Bastos, Neusa Barbosa. II. Palma, Dieli Vesaro. III. Instituto de Pesquisas Lingüísticas "Sedes Sapientiae" para Estudos de Português. IV. Série.

CDD: 469.5
CDU: 811.134.3'36

Sumário

Prefácio 7
    Elisa Guimarães

Considerações iniciais 11

CAPÍTULO 1
As lições de Said Ali (1861-1953): Uma abordagem historiográfica 19
    Maria Mercedes Saraiva Hackerott (IP-PUC/SP)

CAPÍTULO 2
Artur de Almeida Torres – O porta-voz da NGB 46
    Maria Ignez Salgado de Mello Franco (IP-PUC/SP – PUC/SP)
    Miguél Eugenio Almeida (IP-PUC/SP – UEMT)
    Marilena Zanon (IP-PUC/SP – PUC/SP)

CAPÍTULO 3
O gramático Gladstone Chaves de Melo: Um homem plural 73
    Neusa Barbosa Bastos (IP-PUC/SP – NEL-UPM)
    Regina Helena Pires de Brito (IP-PUC/SP – NEL-UPM)
    Sandra Alves da Silva (IP-PUC/SP)

CAPÍTULO 4
Celso Pedro Luft e a *Gramática resumida* 94
    José Everaldo Nogueira Jr. (IP-PUC/SP – PUC-SP)
    Patrícia Leite Di Iório (IP-PUC/SP – UNICSUL)

CAPÍTULO 5
Percurso gramaticográfico de Celso Cunha: da *Gramática do português contemporâneo* à *Nova gramática do português contemporâneo* 122
    Maurício Silva (IP-PUC/SP – UNINOVE)
    Sônia Nogueira (IP-PUC/SP – UEMA)

CAPÍTULO 6
Evanildo Bechara e a *Moderna gramática portuguesa*: Uma abordagem historiográfica 139
    Rosemeire Leão da Silva Faccina (IP-PUC/SP – UPM)
    Nancy dos Santos Casagrande (IP-PUC/SP)
    Vera Lucia Harabagi Hanna (IP-PUC/SP – UPM)

CAPÍTULO 7
A *Moderna gramática portuguesa* de Evanildo Bechara: Uma proposta lingüística para o século XXI 157
    Dieli Vesaro Palma (IP-PUC/SP)
    Maria de Fátima Mendes (IP-PUC/SP)

Considerações finais 179

Os autores 183

Prefácio

Elisa Guimarães

Trabalho ao mesmo tempo engenhoso e preciso, esta terceira apresentação do Grupo de Pesquisa em Historiografia da Língua Portuguesa situa o leitor em face da necessária relação entre o ensino da língua materna e as propostas de Gramáticas do Português.

Datam da segunda metade do século XX as gramáticas em enfoque, cujos autores e obras intitulam os sete capítulos que compõem o volume — Said Ali, Artur de Almeida Torres, Gladstone Chaves de Melo, Celso Pedro Luft, Celso Cunha e Evanildo Bechara.

Porque amplos, os horizontes abarcam um sem-número de investigações. E os ensaios — independentes mas intercomunicantes —, vistos em perspectiva, vão-se abeirando uns dos outros, garantindo, assim, perfeita concatenação das considerações.

O eixo das indagações identifica-se como um exame minucioso das concepções gramaticais enquanto comprometidas com a tarefa do ensino da língua. Fundem-se, assim, em confluência multilateral, História, Gramática e Didática, num sábio exercício de focalização do "tempo presente" — proposta que os autores apresentam bastante clara.

Assim, a valiosa pesquisa que se vai realizando pelo grupo de professores de diferentes universidades fica no entremeio do passado com o presente e, sem dúvida, do presente com o futuro — com o que permanecerá. Fundem-se os horizontes para que o passado seja contemplado à luz dos interesses presentes. Reaviva-se, então, o colorido do retrato que o tempo vai apagando.

A partir da investigação de uma série de vestígios, desponta um quadro que revela a construção de uma identidade nacional. Na medida em que evolui a análise investigativa e crítica que enforma a obra, o leitor passa a depreender a coexistência e interpenetração de aspectos lingüístico-gramaticais que, entre outros fatores, plasmam a nacionalidade. Em verdade, propõe-se a língua como fator de identidade, como expressão indisfarçável da identidade cultural de um povo.

Assim, a obra em destaque expressa-se como produtível e interpretável em conexão estrutural com um extratexto — conjunto de fatores históricos em que as próprias gramáticas se integram. Os autores, encarando o desafio de persistentes especulações, captam as inexauríveis dimensões de todo esse substrato.

São acordes que ressoam ao longo da obra, realimentando-a com seu tema obsedante — a construção de Gramáticas e o Ensino de Língua Portuguesa.

Enfatiza-se, no percurso histórico das gramáticas de Língua Portuguesa, a persistência da tradição greco-latina na produção gramatical brasileira.

Dá-se, pois, relevância ao método histórico que não só evita possíveis falhas de uma leitura espontânea — o que seria tarefa empírica de pouca importância —, mas devolve à obra a vida e a cor que teve ao nascer.

Vê-se nesse exercício um consórcio entre duas visões do espaço e da temporalidade do texto da gramática: a visão acumulativa e documentarista, da antiga erudição, e a visão estrutural, gerativa das ciências modernas da linguagem.

É bem dessas idéias básicas que os autores de *História Entrelaçada* extraem o condimento que dá um sabor todo especial à obra.

Outros méritos ainda emprestam-lhe significação e valor: a feição vincadamente universitária da pesquisa, uma vez que congrega estudiosos/pesquisadores de cinco universidades — Pontifícia Universidade Católica de São Paulo, Universidade Cruzeiro do Sul, Universidade Presbiteriana Mackenzie, Uninove, Universidade do Estado do Mato Grosso e Universidade Estadual do Maranhão — numa confraternização acadêmica geradora de partilhas e de experiências — riqueza de que a nossa sociedade ainda é bastante carente.

Parte das Considerações Finais do livro, a passagem seguinte enfatiza outro de seus mais relevantes méritos, ou seja, o que se liga a questões de natureza didática:

Retomamos o destaque de que a construção de uma gramática estabelece incontinênti a questão do ensino, determinando não só a aplicação desses instrumentos na instituição escolar, mas principalmente a constituição do saber e da língua na escola.

A substanciosa diversidade das informações e dos conhecimentos transmitidos sacramenta a obra que, também pela finura de propostas, torna possível um debate fecundo e criador — propenso à superação de posições equívocas, seja em relação à interpretação do papel das gramáticas, seja no que diz respeito a sua repercussão no contexto ensino/aprendizagem.

Se o prefácio é, antes de tudo, uma "carta de fiança" para dizer ao leitor que os autores são bons, registre-se, neste final de comentários, a expressão de um juízo de valor: vale a pena ler o livro.

Considerações iniciais

Sobre educação:
O primeiro erro consiste em identificar educação e instrução; esta é apenas componente daquela, de tal modo que um cidadão qualquer pode ser muito bem instruído e muito mal educado. Toda escola é pública, porque é aberta a qualquer pessoa interessada, que preencha os requisitos e as condições pré-estabelecidas. Por outro lado, nenhuma escola é gratuita; todas são pagas. A diferença é que em algumas paga o beneficiário, e noutras pagam os não beneficiários.

Sobre a Língua Portuguesa
A nossa língua, pois, é a portuguesa, com um tipo geral de pronúncia diverso, com vocabulário enriquecido e com algumas preferências sintáticas bem definidas. A redução de flexões nominais e verbais da língua popular, sobretudo a caipira, representa um desvio, e não uma evolução.

Gladstone Chaves de Melo

Para o seu terceiro trabalho, o Grupo de Pesquisa em Historiografia da Língua Portuguesa (GPeHLP) volta ao público com mais um estudo do ensino da língua materna, a partir de obras gramaticais, numa perspectiva historiográfica. Vale mencionar que também este trabalho faz parte de um projeto mais amplo, que vem sendo desenvolvido por professores das universidades: PUC/SP, UPM/SP, UEMA e UNINOVE, pesquisadores do e no IP-PUC/SP (Instituto de Pesquisas Lingüísticas *Sedes Sapientiae* para estudos de Português da PUC/SP). Trata-se do Grupo de Pesquisa em Historiografia da Língua Portuguesa (GPeHLP), cadastrado no Diretório de Pesquisa do CNPq, ligado ao Programa de Estudos Pós-Graduados em Língua Portuguesa da PUC/SP e ao Programa de Pós-Graduação em Letras da UPM/SP.

A organização do GPeHLP, atualmente, se dá pela reunião de colegas pós-graduandos, pós-graduados e alguns graduandos de diferentes instituições de ensino, interessados em pesquisar os meandros da constituição e do percurso da Gramática Portuguesa, contando nesta edição com os seguintes membros: Professores Doutores Dieli Vesaro Palma, Neusa Maria Oliveira Barbosa Bastos (líderes do Grupo), José Everaldo Nogueira Júnior, Maria Mercedes Saraiva Hackerott, Marilena Zanon, Maurício Silva, Miguél Eugenio Almeida, Nancy dos Santos Casagrande, Regina Helena Pires de Brito, Rosemeire Leão da Silva Faccina e Vera Lucia Harabagi Hanna; Professoras Mestres Maria de Fátima Mendes, Patrícia Silvestre Leite Di Iório, Sônia Maria Nogueira, Maria Ignez Salgado de Melo Franco e Sandra Alves da Silva.

Cumpre salientar, ainda, que o Grupo retorna mais uma vez às reflexões sobre o percurso histórico das gramáticas de Língua Portuguesa, numa perspectiva historiográfica, uma vez que temos a certeza da relevância desses estudos neste século XXI, em que se renova o olhar para o passado por meio de interesses investigativos voltados para os brasileiros lusofalantes imersos em território de país continente, num período que abrange fins da primeira metade e segunda metade do século XX.

Fixamo-nos em autores selecionados pela sua relevância no contexto nacional, o que nos permitiu verificar a sempre necessidade de trabalhar com o intuito de preservar o idioma nacional e de ampliar o conhecimento sobre ele, por meio da apresentação de estudiosos que contribuíram e contribuem com seus estudos gramaticais e seus conhecimentos lingüísticos para a abertura de novas perspectivas.

Nessa seleção, encontramos autores significativos como Said Ali, Artur de Almeida Torres, Gladstone Chaves de Melo, Celso Pedro Luft, Celso Cunha, Evanildo Bechara, quase todos pertencentes a épocas posteriores à instituição, em 1959, da Nomenclatura Gramatical Brasileira (NGB). Excetua-se Said Ali, gramático do início do século XX, que apresenta inegável contribuição aos estudos gramaticais por explicar com grande propriedade os fatos da língua e continuar como referência na segunda metade desse século.

Temos como objetivo verificar não só as diferentes concepções de gramática e sua estrutura, mas também, a partir delas, observar as diferentes formas de se entender o ensino de Língua Portuguesa, apontando de que maneira as contribuições desses renomados gramáticos perduraram até os dias atuais.

Assim, continuamos delimitando nosso campo de trabalho ao colocar como questão central um olhar explicativo sobre a relação entre o ensino de Língua Portuguesa e as gramáticas do Português vistas em sua organização assentada, ainda, no modelo greco-latino, com as adequações sofridas através dos tempos por interferências internas e/ou externas, numa dimensão que abrange o passado distante e o passado mais próximo do qual participaram alguns dos membros integrantes do GT.

Referimo-nos às obras produzidas entre as décadas de 50 e 90 do século XX. Como sabemos, trata-se de um passado não muito distante que pode ser observado por meio dos documentos produzidos, analisados a partir do levantamento do espírito de época, o que propicia um olhar atento sobre o documento, sua finalidade, seus critérios de elaboração e seu autor, com sua visão de sujeito inserido em um momento histórico determinado.

Tendo a certeza de que o conhecimento da vida e da obra dos gramáticos selecionados responderá a algumas perguntas expostas abaixo, e de que a análise dos textos responderá a outras de nossas indagações, permanecemos na mesma busca: quem são os intelectuais preocupados com a ciência da linguagem? O que é gramática para eles? O que pensam sobre o ensino de Português? Em que medida adotaram em suas obras os conhecimentos acatados na época, ou deles se afastaram pela crença em valores diferenciados? Qual o grau de representatividade das obras na época, e além dela? Que contribuição deixaram, a ponto de, hoje, analisarmos suas gramáticas na perspectiva da Historiografia Lingüística?

Dessa maneira, enfocamos os posicionamentos lingüístico-pedagógicos constantes das obras e as implicações socioculturais referentes aos diversos momentos históricos ocorridos desde os anos 50 até os anos 90 do século XX, estabelecendo reflexões sobre as gramáticas portuguesas dos autores selecionados, sobre os próprios autores, sobre a visão que esses gramáticos apresentavam em suas produções gramaticais no período mencionado e sobre a influência que eles exerceram nos estudos acerca da Língua Portuguesa em momentos posteriores.

Temos refletido, em nossas pesquisas nos últimos quatro anos, acerca do fazer historiográfico e decidimos fixar-nos nos procedimentos metodológicos da Historiografia Lingüística, de acordo com Koerner e Swiggers, para o desenvolvimento das formas de expressão e normatização da Língua Portuguesa, modalidade brasileira, em território nacional, sobre prismas históricos sucessivos e descontínuos, objetivando verificar as continuidades e as rupturas em relação às idéias lingüísticas em circulação nesse período. E então, a partir de tais autores e de Altman, nossa concepção de Historiografia Lingüística assim se apresenta: é o modo de refletir sobre o saber lingüístico produzido, tendo como objetivo descrever/explicar como se desenvolveu tal saber em um determinado contexto. Vista dessa forma, tal concepção leva-nos não só à análise de um produto acabado dentro de um recorte no tempo, mas também à consideração de seus mecanismos geradores, conduzindo-nos a uma visão pancrônica da realidade. Afinal, qualquer obra em análise será sempre explicada mais profundamente quando, nela, percebermos as etapas de conhecimento que a engendraram.

Cumpre salientarmos, outrossim, que avançamos nas discussões teórico-metodológicas postas em questão no GPeHLP no que tange a vários aspectos que expomos a seguir. Em primeiro lugar, tecemos considerações acerca de nossa identidade teórica. Em relação à Lingüística, adotamos sempre a corrente que for mais adequada ao *corpus* selecionado, dependendo do objeto lingüístico sob análise; já em relação aos estudos históricos, damos ênfase às seguintes: História Intelectual, História Cultural e Micro-história.

Em segundo lugar, destacamos que, como parte do princípio de contextualização, passamos a fazer uma breve apresentação biográfica do gramático em questão. Esse aspecto torna-se relevante na medida em que a história de vida do gramático tem relação com a visão que assume quanto ao ensino da língua e à concepção de gramática, representando continuidade ou descontinuidade nos estudos gramaticais de sua época.

Em seguida, passamos a refletir sobre o nosso objeto de investigação, que pode ser considerado *metalingüístico* — por diversas características — ou *não-metalingüístico*. Dessa maneira, sendo um *objeto metalingüístico* (gramáticas, manuais didáticos, antologias, etc.), estabelecemos as categorias a partir do próprio objeto (princípio da imanência), que são em seguida analisadas e discutidas; na seqüência, elegemos uma teoria atual para que seja estabelecido o diálogo entre pontos teóricos do objeto analisado e aspectos da teoria selecionada, buscando, nessa aproximação, a convergência entre eles (princípio da adequação). Em se considerando *objeto não-metalingüístico* (lei, cartas, documentos oficiais, etc.), selecionamos um instrumento, a saber, uma teoria lingüística que seja compatível contemporaneamente ao objeto de estudo (princípio da imanência) e estabelecemos uma teoria posterior a ele que permitirá o cotejo com os pontos observados, de acordo com o princípio da imanência (princípio da adequação).

Em relação às ponderações estabelecidas pelo GPeHLP, surgiram questões importantes que nos têm incentivado a novas investigações e que, aqui e agora, expomos a vocês, nossos leitores. Tratando-se de um objeto de estudo contemporâneo (consideremos a segunda metade do século XX):
— como ficaria o princípio da adequação?
— ele seria dispensável?
— haveria um processo cumulativo no qual imanência e adequação se sobreporiam?

Sobre essas questões, podemos apresentar algumas reflexões, com base no que propõe Tétart (2000)[1]. Convém destacar, inicialmente, que a história do tempo presente não é uma novidade, pois ela já foi desenvolvida na Grécia, por meio do trabalho de Tucídides. Sofreu, entretanto, muitas críticas como as de Jacques Le Goff (1978, *apud* Tétart 2000:133) que considerava que ela devesse ser realizada por jornalistas ou politólogos e não por historiadores. Foram os estudos sobre a Segunda Guerra Mundial que abriram campo para trabalhos dessa natureza. Em 1978, criou-se o Instituto de História do Tempo Presente (CNRS), sob a direção de F. Bédaria, e, em 1997,

> o tempo presente é um território histórico que desfruta de completo reconhecimento científico, pedagógico e editorial, decorrente de uma aposta intelectual, de sucesso científico e de uma grande demanda social. (*op. cit.*: 134)

Para garantir o rigor de sua pesquisa, o historiógrafo do tempo presente deve definir com rigor seu campo de investigação, seu método, as fontes disponíveis e as posições que assume frente à história da qual foi participante. Este último aspecto relaciona-se à questão do distanciamento na análise de documentos que focalizam fatos dos quais, muitas vezes, o pes-

---

[1] TÉTART, Philippe. Pequena história dos historiadores. Trad. Maria Leonor Loureiro. Bauru, SP: EDUSC, 2000.

quisador foi testemunha, e da imparcialidade no seu julgamento, devendo ser destacada a impossibilidade de uma "pura objetividade". Nesse sentido, diz Tétart (p. 136) que

> Ele (o historiador dos tempos presentes) recusa contudo a *doxa* que afirma que só se fala com razão do passado *morto*. Nenhum passado morre pois inerva continuamente a história dos indivíduos. De resto, conhecendo a especificidade de seu trabalho, ele deve, talvez mais do que qualquer outro, escrever com consciência e rigor, perseguindo sempre a parte de ego-história em sua maneira de decifrar e dizer o passado.

Considerando-se, portanto, a possibilidade de estudo historiográfico de obras do tempo presente, pergunta-se como seria aplicado o princípio da adequação? Quanto a essa indagação duas respostas são possíveis. A primeira levando em conta que o objeto de estudo seja metalingüístico e a teoria que o embasa seja atual, então não haveria necessidade de confrontá-la com outra teoria do mesmo período. No caso de um objeto de estudo não metalingüístico, dada a sua contemporaneidade, a teoria que fundamenta o princípio da imanência deve ser concomitante temporalmente ao documento sob análise, logo também não seria necessária a adequação teórica, como um procedimento metodológico separado, uma vez que se julga que o leitor tenha familiaridade com os fundamentos teóricos utilizados. Essas situações indicam um processo cumulativo em que o princípio da imanência e o da adequação seriam aplicados ao mesmo tempo, com base no mesmo arcabouço teórico.

A segunda resposta possível prevê a aplicação do princípio da adequação. Nesse caso, o objetivo seria estabelecer relações entre duas teorias que convivem no mesmo clima de opinião, apontando-se as convergências e as divergências entre elas, possibilitando, assim, ampliar a visão crítica do documento pelas relações teóricas estabelecidas.

Por fim, reafirmamos um ponto importante: *os critérios de análise* em que se detectam as "categorias", que, entre outros requisitos, imprimem cientificidade a um trabalho. O historiógrafo lingüista tem como objeto de investigação textos, que poderíamos chamar de fenômenos qualitativos, os quais constituem suas fontes primárias e secundárias. No seu estudo, o pesquisador objetiva encontrar os atributos do objeto pesquisado. Logo, ele trabalha com dados qualitativos, provenientes de diferentes fontes.

Dado o volume de informações que as fontes oferecem, é preciso reduzi-las a partir de princípios organizadores. Uma das formas de redução é a determinação de temas, de forma indutiva por parte do pesquisador, a partir da base empírica, para posterior reagrupamentos em torno desses termos. Tais agrupamentos ou categorias não são estabelecidos *a priori*, mas emergem do material sob análise. Assim, na definição das categorias o GPeHLP tem optado por seguir um *modelo aberto*, pelo qual *as categorias tomam forma no curso da própria análise*. (Cf. Laville & Dione, 1999:219) Esses conjuntos revelam aspectos salientes do objeto em estudo, indicando pontos de vista, manifestos nos diversos níveis lingüísticos, e expressando valores traduzidos em língua.

E assim, conscientes de sermos conduzidos por uma abordagem historiográfica, voltamo-nos aos dois produtos do GPeHLP, recuperamos a busca das interferências, a indicação das adequações necessárias e os princípios científicos vinculados a determinados contextos espaço-temporais, traçando, então, o percurso do Português no período histórico comparativo, relacionando ensino de língua materna e gramáticas tradicionais (GTs: entendendo-as como as gramáticas normativo-descritivas assentadas no modelo greco-latino), baseadas num discurso sobre o passado, sem que mencionemos a história dos fatos passados como mero registro da história, mas considerando-os como a dimensão externa a ser investigada e adotando uma postura de historiógrafos diante das gramáticas e do ensino de Língua Portuguesa, e acrescentando que, neste momento, se mostram relevantes as considerações acerca de nossos procedimentos na busca de conhecimentos racionais, análises críticas, por meio de princípios historiográficos fixados em um novo estatuto: a historiografia do tempo presente, voltada para as questões pedalingüísticas e para os aspectos das políticas de língua.

Para finalizar, retomamos, nas gramáticas analisadas, o estabelecimento de duas categorias: a) apresentação/organização das obras e b) intenção teórico-metodológica dos autores que, explicitamente ou não, levando em conta o item a), desenvolveram políticas de Língua Portuguesa matizadas pelo "discurso da lei" e do "ensino". Partindo daí, uma ou outra categoria a mais foi analisada, por ter sido também significativa, no mínimo, em termos de causa e/ou conseqüência com relação às duas priorizadas.

Estabelecidas as categorias, passamos à análise dos dados, interpretando o texto do ponto de vista lingüístico, e observando, assim, o princípio da imanência. Na seqüência, aplicamos o princípio da adequação, buscando aproximar os conceitos trabalhados pelos gramáticos a teorias mais atuais, voltadas ao estudo da linguagem. Dessa forma, sempre buscando relacionar ao contexto cultural em que viveram esses gramáticos, traçamos um quadro do ensino da Língua Portuguesa, a partir de compêndios gramaticais e das políticas lingüísticas em vigor desde o final do século XIX até meados do século XX. Ele revela-nos a alternância de momentos de continuidade de paradigmas anteriores e de modelos novos, introdutores de ruptura, mas ambas as situações sempre alicerçadas na persistência da tradição greco-latina na produção gramatical brasileira.

Como um texto só se completa no processo dialógico com o outro, o GPeHLP aguarda as colaborações dos leitores para acertar os desvios de rota existentes na obra, e agradece antecipadamente os comentários recebidos.

CAPÍTULO 1

As lições de Said Ali (1861-1953): Uma abordagem historiográfica

Maria Mercedes Saraiva Hackerott (IP-PUC/SP)

Historiografias como as de Antenor Nascentes (1939) e Sílvio Elia (1975) incluem Manuel Said Ali Ida (1860-1953) entre os filólogos da língua portuguesa do primeiro quartel do século XX, isto é, na primeira geração da segunda fase do Período Científico. O período dito "Científico" começa com a publicação em 1881 da gramática de Júlio Ribeiro, obra em que as explicações gramaticais são adequadas ao progresso dos estudos da linguagem e se desvencilham da tradição gramatical de cunho purista. O segundo momento do Período Científico inicia-se na virada do século e se estende aos anos 60. Participaram dessa segunda fase três gerações: a primeira inaugurou, no Brasil, os estudos filológicos com orientação histórico-evolutiva, a segunda fundou as Faculdades de Letras e a terceira consolidou a tradição filológica.

Incluir Said Ali entre os filólogos da primeira metade do século XX parece contradizer a metodologia, o objeto de análise e a retórica que ele utiliza em suas lições. Analisar a sua obra focalizando o desenvolvimento, a elaboração e a criação de uma nova terminologia especializada para o estudo da língua é o objetivo deste trabalho. Para tanto, tentar-se-á: reconstruir sua biografia, ressaltar o aspecto metodológico que norteou seu trabalho nas áreas da geografia e da lingüística, levantar suas contribuições para o ensino de línguas estrangeiras, contextualizar suas gramáticas do Português (histórica, secundária e elementar), apontar as rupturas que fez com a tradição gramatical brasileira das primeiras décadas do século passado e finalmente investigar se Said Ali reproduziu os postulados da tradição filológica da época ou se foi um precursor da Lingüística no Brasil.

1. Reconstrução biográfica de Said Ali

Said Ali nasceu em Petrópolis (RJ), em 21 de outubro de 1861, e faleceu no Rio de Janeiro, em 27 de maio de 1953. A longevidade de Said Ali possibilitou-lhe o convívio com mais de uma geração de estudiosos da linguagem.

Até os 14 anos, Said Ali viveu em sua cidade natal. Lá, cursou os primeiros estudos e o ensino secundário. Depois, mudou-se para o Rio de Janeiro, onde construiu a sua carreira.

As várias notícias biográficas sobre Said Ali tratam pouco de sua atividade acadêmica e, às vezes, apresentam dados controversos. Para Dimitriu (1959:579), Said Ali lecionou Alemão no Colégio Militar do Rio de Janeiro, Geografia no Colégio Pedro II e Português como professor particular. Para Silva (1993:48), Said Ali foi professor de Alemão, Francês, Inglês e Geografia, lecionou no Colégio Pedro II, na Escola Preparatória e de Tática do Realengo e na Escola Maior do Exército, onde, quando foram extintas as classes de Alemão, passou a trabalhar como tradutor de textos militares. Para Houaiss e Escorel (1975:10148), Said Ali lecionou Alemão e foi catedrático na Escola Militar em 1890 e no Ginásio Nacional até essa cátedra ser extinta no final da Primeira Grande Guerra. Por fim, para Bechara (2006:13), Said Ali foi professor de Alemão da Escola Militar e do Ginásio Nacional e em colégios do Rio de Janeiro lecionou, além de Alemão, Geografia, Inglês e Francês. Essa divergência de dados decorre, em grande parte, do recato de Said Ali em não expor sua vida.

> Jamais teremos uma biografia do Prof. Said Ali Ida sem grandes e irremovíveis lacunas. Todos os amigos do Mestre pudemos observar a aversão que sentia do ingrato gênero que leva não poucos erros e falsidades aos pósteros. A idade avançada que atingira lhe permitira ver e ouvir muitas inexatidões sôbre seus companheiros e (...) sôbre sua pessoa! Entre meus colegas já ouvi muitas peripécias e dizeres atribuídos ao chorado Mestre; indagava-lhe até que ponto ia a veracidade daquelas novas, e o resultado era que nós ambos nos convencíamos mais e mais de que o gênero era perigoso transmissor de inverdades em nome da verdade. Agora mesmo, depois de seu falecimento, nem um nem dois foram os títulos invocados graciosamente ao Mestre, títulos de que não

precisava e não precisa para aumentar a nossa admiração e respeito de seu saber largo e profundíssimo. (Bechara, 1969:10-11)

Outra fonte para a reconstrução biográfica de Said Ali é a *Correspondência de Capistrano de Abreu* organizada e editada por Rodrigues (1954). As cartas são testemunhos fragmentários, informais e dispersos que ilustram indiretamente as tendências intelectuais da época, através das alusões bibliográficas e dos comentários sobre pesquisas e pesquisadores.

João Capistrano de Abreu (1853-1927), dentre outras atividades profissionais, lecionou de 1883 a 1899 no Gynasio Nacional, onde provavelmente começou a grande amizade que manteve até o final da vida com Said Ali. Nos dois primeiros volumes da *Correspondência*, Rodrigues apresenta as cartas que Capistrano enviou a seus colegas e, no terceiro volume, as cartas que ele recebeu. Capistrano cita Said Ali em 32 cartas. As citações reconhecem o auxílio prestado por Said Ali no estudo da língua dos índios caxinauás; mencionam a proficiência de Said Ali na língua árabe; comentam a metodologia adotada por Said Ali, tão diferente da utilizada pelos demais gramáticos da língua portuguesa; flagram a apresentação de Said Ali aos irmãos Weiszflog, que financiaram e publicaram as gramáticas (histórica, secundária e elementar); acompanham o desenvolvimento da redação das gramáticas; elogiam a postura crítica de Said Ali apresentada em artigos de sua autoria; revelam a dificuldade para adquirir livros na época; relatam os empréstimos e os percursos de circulação de obras raras; por fim, testemunham os laços da grande amizade existente entre eles.

Nas dez cartas de Said Ali para Capistrano de Abreu, há notas sobre a Semântica de Nyrop; observações gramaticais sobre o Árabe (tempos verbais e acepções semânticas desconexas de um mesmo termo), sobre o Bacari (transitividade verbal e infinitivo pessoal) e sobre o Português (emprego do conjuntivo, alterações semânticas, verbos causativos, etimologias, acepções do sufixo *-ão*); e comentários sobre exames de concursos públicos e sobre o desenvolvimento da redação da *Gramática Histórica*.

Sem dúvida, Said Ali foi um "exemplar". Nos termos de Stephen Murray (1994), o "exemplar" desfruta do reconhecimento de seus trabalhos pela comunidade científica de sua época. São parâmetros para avaliar a notoriedade de um "exemplar" as homenagens a ele prestadas por colegas e as premiações a ele concedidas por instituições renomadas.

Quanto ao reconhecimento de Said Ali pela comunidade científica, em 1938, Antenor Nascentes organizou uma *Miscelânea de estudos em honra de Manuel Said Ali*, reunindo em um volume trabalhos escritos por colegas especialmente para o homenageado. Participaram dessa produção Antonio Bardy com "Localização da Faculdade de Linguagem", Ernesto Faria com "Sulpicia, a poethisa do *Corpus Tibullianum*", Cândido Jucá Filho com "A derradeira flor do romantismo", Aires da Mata Machado com "O dialeto crioulo de S. João da Chapada", Mattoso Câmara Júnior com "Um caso de regência", Júlio Nogueira com "Os verbos *imiscuir-se* e *imitir*", José Oiticica com "Teoria dos complementos", Otelo Reis com "Hipocorísticos brasileiros e portugueses", Serafim da Silva Neto com "Uma relíquia da língua portuguesa", Sousa da Silveira com "*Ter* usado impessoalmente" e Antenor Nascentes com "Português em boca de estrangeiros". Quanto ao reconhecimento institucional, Said Ali recebeu duas vezes o prêmio "Francisco Alves" da Academia Brasileira de Letras. Esse prêmio é concedido a cada cinco anos e prestigia monografias sobre o ensino fundamental no Brasil e sobre a língua portuguesa. As obras de Said Ali premiadas foram: *Lexeologia do portuguez historico* (prêmio de 1922) e *Meios de expressão e alterações semânticas* (prêmio de 1927).

Outro parâmetro para aferir a notoriedade de um "exemplar" é o aceite de seus trabalhos em publicações da imprensa periódica ou a edição de livros por editoras conceituadas. Quanto ao acesso a publicações, a produção bibliográfica de Said Ali é bastante extensa e variada.

Traduziu três livros didáticos para o aprendizado de língua estrangeira: *Primeiras noções de grammatica franceza* de Carlos Ploetz (1893), *Nova seleta francesa* de Carlos Kühn (1898) e *The English Student (O estudante inglês). Método prático e natural para o estudo de Língua Inglesa* de Emílio Hausknecht (1898).

Escreveu o prefácio da *Sintaxe da Lingua Portugueza* de Leopoldo da Silva Pereira (1898), a notícia bibliográfica de *Geschichte Russlands* de Erdmann Hanisch (1942), o relatório "O ensino secundário na Europa" (1896) e três notas biográficas introduzindo os poemas de Casimiro de Abreu (1895), Gonçalves Dias (1896) e Castro Alves (1898) editados pelos irmãos Laemmert.

Compôs o *Compendio de Geographia Elementar* (1905), o *Vocabulario ortographico precedido das regras concernentes as principaes difficuldades orthographicas da nossa lingua* (1905) e quatro gramáticas: *Nova grammatica alleman* (1894), *Grammatica secundaria da lingua portugueza* (1923), *Grammatica elementar da lingua portugueza* (1923), *Grammatica historica da lingua portugueza* (pref. de 1931), sendo que a *Gramática histórica* foi publicada anteriormente em duas partes — *Lexeologia do portuguez historico* (1921) e *Formação de palavras e syntaxe do portuguez historico* (1923).

Said Ali também publicou mais de sessenta artigos em doze revistas (*Revista Brazileira, Revista do Pedagogium, Revista Americana, Anuario do Colegio Pedro II, Revista de Lingua Portuguesa, Revista de Filologia Portuguesa, Revista de Philologia e de Historia, Revista de Cultura, Boletim de Filologia de Lisboa, Humanidades* — revista de ensino do segundo grau, *Revista Philologica, Studia* — revista da congregação do Colégio Pedro II) e dois jornais (*Jornal do Commercio* e *Jornal do Brasil*). Poucos artigos foram editados apenas uma vez, sendo a maioria reproduzida ou em mais de um periódico ou em uma das cinco coletâneas: *Dificuldades da lingua portugueza: estudos e observações* (1908), *Meios de expressão e alterações semanticas* (1930), *Versificação portuguêsa* (1948) e, postumamente, *Acentuação e versificação latinas: observações e estudos* (1956) e *Investigações filológicas* (1975).

2. Interdisciplinaridade: Geografia e Lingüística

Na bibliografia de Said Ali, chama a atenção o *Compendio de Geographia Elementar*, que parece fugir do escopo temático do lingüista. Entretanto, se essa obra diverge das demais quanto à temática, apresenta grande semelhança, principalmente com as gramáticas (elementar e secundária), quanto à organização e à metodologia.

O compêndio de Geografia, assim como as gramáticas, é um texto descritivo em que são especificados os elementos pelas suas características e estabelecidas as relações entre eles na composição do todo. A Geografia é dividida em geral ou especial (Chorographia). A Geografia Geral pode ser Astronômica (considera a Terra em relação aos outros corpos celestes do sistema solar) ou Física (investiga as causas da forma atual da superfície terrestre, ao analisar a correlação entre terra e água, os fenômenos atmosféricos e a distribuição dos seres vivos). A Chorographia examina o resultado das leis da Geografia Geral em regiões determinadas, ao procurar reconhecer as influências recíprocas entre as regiões e os homens que as habitam.

Os estudos de Said Ali analisam cientificamente os fenômenos, quer lingüísticos quer geográficos, mediante a aplicação de parâmetros de análise previamente estabelecidos. A descrição de um fato — lingüístico ou geográfico — tem sentido na medida em que estabelece relações com outros fatos na composição do todo.

É o livro traçado de modo que o estudante possa fixar na memória, não os objetos isoladamente, porém, em cada lição, a imagem de um todo pelos seus traços mais característicos. (Said Ali, *Compendio de Geographia*, 1905:V)

Ao analisar o *Compendio de Geographia* de Said Ali, Vânia Vlach (1988) ressalta o aspecto científico desse livro didático que inaugura uma nova fase no estudo de Geografia no Brasil.

Cumpre destacar que a tentativa do professor M.Said Ali assinala, no interior de um livro didático para o ensino secundário, não só sua preocupação de acompanhar os "progressos geográficos" que ocorriam no exterior, mas, fundamentalmente, representa o marco inicial de discussões de ordem teórico-metodológica, buscando inaugurar a geografia "científica" no Brasil. (Vlach, 1988:161)

Vlach (1988) comenta, ainda, que Said Ali diverge dos demais livros didáticos de geografia da época, pois, em vez de classificar os estados do Brasil em centrais e marítimos, como faziam seus contemporâneos, classificou-os em cinco "zonas geográficas". Essa divisão em regiões teve por critério tanto as características físicas de cada região quanto as características político-econômicas decorrentes da ocupação humana.

Apesar de constituírem áreas do saber bem distintas com objetos próprios de análise, a geografia e a lingüística têm em comum o repertório dos nomes próprios geográficos. Tal fato não passou desapercebido por Said Ali. No *Compendio de Geographia* nota-se um rigor com a grafia dos nomes de países, povos, localidades e acidentes geográficos. Essa questão lingüístico-geográfica foi tratada por Said Ali primeiramente em artigo de 1898.

Para os nomes proprios de lugares tambem ha ás vezes indecisões orthographicas, quando justamente ahi era muito para desejar que não existissem duvidas. O problema em taes casos é, a meu ver, insoluvel, ao menos para os tempos mais proximos. Só depois que o uso geral se decidir por uma forma única é que a maneira de escrever ficará de vez estabelecida. Em taes casos todas as regras orthographicas falham. Não se pode appellar para a etymologia, porque as unicas linguas que para esse effeito podem entrar em linha de conta são o latim e, até certo ponto, o grego. Ora, nem de um nem de outro idioma provêm os nomes geographicos de escripta duvidosa; a origem é em geral bastante obscura. Certas designações de cidades, villas, rios etc., do Brazil, que se filiam ao tupy, tambem nos deixam em eternos embaraços.

Para não ir muito longe, supponhamos a escripta do nome da capital do Rio de Janeiro: *Nictherohy, Nitheroy, Niteroy, Niterohy ou Nicterohy*? Deve haver mais algumas fórmas para outros paladares; mas eu peço permissão para omittil-as. A explicação da origem do vocabulo, aliás bastante conhecida, nada adianta para a fixação da graphia, principiando pelo facto que o tupy não era lingua escripta. (Said Ali, *Questões orthograficas*, 1898:161)

Datam de 1905 as publicações do *Compendio de Geographia Elementar* e do *Vocabulario orthographico*. No primeiro, Said Ali adverte que seu compêndio não é um catálogo ou uma lista de nomes geográficos, mas é um esboço das principais características dos países e de seus habitantes, organizados de maneira a habilitar o estudante para entender a evolução da história (nas suas relações com a geografia) e as atuais condições políticas e econômicas dos povos. No segundo, Said Ali apresenta a grafia de vocábulos portugueses por meio de uma lista organizada alfabeticamente. Porém, como nunca se afasta da questão metodológica que torna científico um estudo, antes de elencar os vocábulos, propõe uma sistematização, uniformização e simplificação para a ortografia portuguesa.

Baseia-se este vocabulario no modo de escrever seguido hoje pela maioria das pessoas cultas. Onde porem, entre essas mesmas pessoas, tem reinado divergencias manifestas, incoherencias por demais palpaveis, e onde, por analogia falsa, se insinuaram letras superfluas ou improprias, regularisa o vocabulario a escripta, tendo em vista a simplificação e uniformisação. (Said Ali, *Vocabulario ortographico*, 1905:V)

A problemática grafia dos nomes geográficos também está registrada no *Vocabulario ortographico*.

Á semelhança do que succede nos systemas orthographicos de outras linguas, inclusive os mais aperfeiçoados (v.g. o italiano e o hespanhol), escapam aos nossos preceitos de escrever correctamente bom numero de nomes exoticos, principalmente substantivos proprios de pessoas e lugares: os de pessoa (como *Schiller, Shakespeare, Rousseau*) ficariam singularmente estropiados; os de lugares não mais os podiamos encontrar nos mappas, se a todos dessemos feição nova e quase sempre arbitraria (p. ex. a HongKong, Connaught, Poitou, Angoulême, Sceaux, Scleswig, etc). Diminuto é o numero dos que incontestavelmente se traduzem, e se alguns mais admittem boa transcripção, restam todavia ainda milhares de nomes de cuja pronuncia local não podemos possuir idéa nitida. (Said Ali, *Vocabulario ortographico*,1905:VII)

Na virada do século XIX para o XX, a ortografia portuguesa parecia bastante caótica, diferentemente da adotada nos primeiros textos na língua portuguesa que apresentavam uma grafia razoavelmente fonética. A confusão ortográfica começa no final do século XVI com a multiplicação de variações gráficas motivadas pela crescente influência dos latinistas. Para pôr fim ao caos, em 1904, Gonçalves Viana publica a *Ortografia nacional*, em que propõe uma simplificação ortográfica baseada nos conhecimentos de fonética. Em 1911, essa proposta foi oficializada em Portugal. No afã de simplificar a ortografia, Gonçalves Viana defende o aportuguesamento dos vocábulos estrangeiros, inclusive o dos nomes geográficos tão recorrentes nos livros de geografia. Contrário a tais postulados, Said Ali escreve o artigo "Nomes próprios portugueses", publicado nas *Dificuldades da língua portuguesa*.

A nomenclatura geográfica é um problema, não há dúvida; mas o remédio lembrado por Gonçalves Viana, e por outros, se algum efeito pudesse produzir, seria o de uma gôta de azeite sôbre as ondas revoltas do Oceano. Se enumerarem dezenas ou centenas de nomes "portugueses" substituíveis aos "estrangeiros" atualmente em voga, direi que a feição dos compêndios de geografia não ficaria mais portuguêsa, ainda quando se dobrasse ou centuplicasse o número. As localidades do globo terrestre, cada qual com a sua denominação, sobem a número infinito. Só no índice do atlas de STIELER, que está longe de ser exaustivo, contam-se 300.000 nomes. (Said Ali, *Dificuldades da língua portuguesa*, [1908]1957:154)

3. Ensino de língua estrangeira

Said Ali dedicou-se ao ensino de língua estrangeira principalmente na última década do século XIX. Em 1893, traduziu para o português a gramática francesa do alemão Carlos Plöetz. A tradução era justificada pelo método adotado, que habilitava o estudante a ler pequenos textos em francês. A proficiência de leitura em língua estrangeira (francês, inglês, alemão) era pré-requisito para o desenvolvimento científico no Brasil, que urgia acompanhar os avanços das pesquisas das diversas áreas do saber publicadas na França, Inglaterra e Alemanha.

> O ensino das linguas vivas é assunto que tem occupado seriamente a attenção dos modernos educadores europeus. É que comprehenderam que o conhecimento de alguns idiomas além do pátrio não só é util à vida commercial mas tornou-se hoje uma necessidade para todo aquelle que se dedica a qualquer carreira scientífica. (Said Ali, 1893, advertência do tradutor)

Na mesma linha metodológica, em 1894, Said Ali compôs a *Nova grammatica alleman*. A publicação dessa gramática devia-se ao estado de precariedade no qual se encontrava o ensino de língua alemã no Brasil, que não habilitava o estudante a ler textos jornalísticos ou científicos nessa língua, pois apresentava frases desconexas com estrutura muito simples e vocabulário limitado.

> As frases simples tem cabimento nas primeiras lições, mas o estudante já está familiarisado com as principaes regras de grammatica, é de rigorosa necessidade dar-lhe também proposições compostas, em que entrem varias orações subordinadas, ou mesmo periodos longos. E n'esta phase mais adiantada ha necessidade de quebrar constantemente o curso das ideias, e formar novas orações que pelo sentido não se ligam umas às outras. (Said Ali, *Gramática alemã*, 1894:VI)

Para Said Ali, o ensino de língua estrangeira deveria respeitar o processo natural de aquisição de linguagem, e para isso era necessário baseá-lo em um método que tivesse por princípio a analogia e a imitação.

> Procurei approximar as cousas semelhantes, as que apresentam pontos de contato já na forma, já no sentido, como por exemplo o estudo do accusativo logo após o nominativo; o estudo das preposições logo após o estudo dos casos; e o estudo das contrações das preposições tanto com artigo, como com os pronomes, n'uma mesma lição, em logar de distribuil-o por lições afastadas umas das outras. O espírito assim apprehende com mais facilidade e mais proveito. Pela mesma razão psychologica não tratei a sintaxe como parte especial;

mas á medida que se vão estudando as formas gramaticaes, vai-se aprendendo quando e como devem ser empregadas. As partes mais difficeis são sempre estudadas depois das mais faceis. (Said Ali, *Gramática alemã*, 1894:VII)

A *Gramática alemã* de Said Ali está organizada em 42 lições. As quatro primeiras lições são dedicadas à fonética e tratam dos sons pronunciados na língua alemã (vogais, ditongos, consoantes, quantidade das vogais e acentuação). As lições restantes são dedicadas à morfossintaxe e respeitam a seguinte ordenação: gênero dos substantivos; adjetivo predicativo; graus de comparação; substantivos compostos; verbos auxiliares; pronomes pessoais (1ª e 2ª pessoas); tempos e modos; colocação do particípio passado e do infinito; ordem inversa; verbos fortes e fracos; conjugação; verbos anômalos; pronomes relativos e interrogativos; nominativo e acusativo; preposição com acusativo e/ou dativo; genitivo; substantivos fortes e fracos; preposição com genitivo; adjetivo forte; pronomes demonstrativos; plural dos substantivos; declinação dos substantivos fracos; declinação mista dos substantivos; particularidades de certos substantivos; nomes próprios geográficos; numerais; quantitativos indefinidos; advérbios; gradação e colocação; conjunções subordinativas integrantes, temporais, condicionais, causais; verbos modificativos, pronomes indefinidos, reflexivos e recíprocos; verbos separáveis; partículas de composição.

Em cada lição, o conteúdo gramatical é explicado na língua portuguesa, exemplificado em alemão e exercitado em atividades de pronúncia, tradução e versão de pequenos textos.

Para que é que se estuda o allemão? Antes de tudo para ler e entender o que lemos. O que é que vamos ler? Livros ou jornaes escriptos em linguagem corrente. Pois bem; traduzam-se a principio phrases simples e destacadas, mas vencidas as primeiras lições e, com ellas, as primeiras difficuldades, sirvam para exercicios artigos de jornaes allemães, pequenas poesias, descripções, narrações ou outras composições interessantes, que além de terem a vantagem de prender mais a attenção, jogam com um vocabulário muito variado e de uso constante. (Said Ali, *Gramática alemã*, 1894:VII)

No final da *Gramática alemã*, Said Ali arrola a lista de verbos fortes e fracos anômalos organizada por Whitney em *German Grammar* e apresenta como suplemento o "Vocabulario systematico de palavras de uso comum", formado por seis listas temáticas: noções de belo, feio, agradável e desagradável; dimensões, proporções e consistência; formas e posições, superfícies e extremidades; cores; corpo e suas partes; natureza.

Em 1895, o Ministério da Educação ênviou Said Ali para a Europa, a fim de analisar a metodologia adotada no ensino de línguas vivas nos ginásios da França e da Alemanha. Ao retornar ao Brasil, Said Ali entregou ao Ministério da Justiça e Negócios Interiores o relatório "O ensino secundário na Europa", publicado em 1896 pela Imprensa Nacional. No mesmo ano, João Köpke critica na *Revista Brazileira* o "método moderno" de ensino de línguas vivas defendido nesse relatório. A maior crítica incide sobre o ensino de fonética e o uso de transcrição fonética. Segundo Köpke, o "método moderno" baseia-se no "método natural" de aquisição de primeira língua em que se aprende a "imagem fonética" pela repetição e depois, por associação, a "imagem mental". Porém, na aquisição de uma segunda língua esse método torna-se artificial e a contínua repetição não reproduz a conversação e gera o tédio.

Apesar das críticas apontadas por Köpke, em 1898 e 1899, Said Ali adaptou ao Português a seleta francesa de Carlos Kühn, o método de ensino de língua inglesa de Emílio Hausknecht e o curso de francês de Rossmann e Schmidt.

4. Três gramáticas da língua portuguesa

Entre 1920 e 1923, Said Ali elaborou simultaneamente as três gramáticas da língua portuguesa: histórica, secundária e elementar. Essas três obras revelam uma mesma orientação de pesquisa e inauguram uma tradição nos estudos sobre a língua portuguesa no Brasil. Segundo Mattoso Câmara (1972), Said Ali apresenta uma nova sistematização para os fatos gramaticais:

> sua fisionomia filológica é a do que hoje chamaríamos um "estruturalista", vendo na língua uma "estrutura", ou rede complexa, mas regularmente traçada, de fatos que se relacionam e se opõem em configurações muito nítidas que ao lingüista cabe depreender. (Mattoso Câmara, 1972:188)

Para Said Ali, gramática é o conjunto das regras observadas em um ou mais idiomas, relativas aos fonemas, às formas dos vocábulos e à combinação desses em proposições. Para tanto, a gramática trabalha com operações associativas e combinatórias ao tratar da fonética (sons e suas representações), da lexeologia (vocábulos classificados em categorias), da formação de palavras (derivação e composição) e da sintaxe (proposição constituída por: termos primários — sujeito e predicado; termos integrantes — objetos e complementos; e termos acessórios — determinantes, aposto e anexo predicativo).

A gramática é histórica, quando estuda a evolução dos fatos da língua; é comparativa quando compara duas ou mais línguas de um mesmo tipo, mostrando semelhanças e diferenças; e é descritiva, quando expõe os fatos da língua atual. A gramática descritiva pode ser prática, ao ensinar a falar e a escrever corretamente, e científica, ao esclarecer os fatos da língua pela ciência da linguagem e pela gramática histórica.

A *Gramática histórica* de Said Ali foi publicada inicialmente em duas partes. A primeira, *Lexeologia do portuguez historico* (1921), tratou da fonética e da lexeologia. Diferentemente da tradição dos neogramáticos, Said Ali não analisou a evolução do Latim ao Português, ateve-se às variações observadas nos textos da língua portuguesa desde os primeiros documentos datados do século XII até os contemporâneos.

> A fonética histórica ocupar-se-á, portanto, unicamente dos casos em que a diversidade da escrita fornece elementos para o estudo da evolução dos fonemas depois de constituída a língua portuguêsa. (Said Ali, *Gramática histórica*, [1931]1975:33)

Segundo Silva Neto (1955:110), Said Ali manuseava constantemente, com rigor metodológico, os textos de várias épocas da língua portuguesa, partia sempre dos mais antigos para os mais modernos. Nessas fontes, recolhia os estados da língua e, a partir das mudanças observadas, analisava o fato lingüístico. Mais importante do que o registro do fato era a explicação do que motivava o fato lingüístico ou a sua alteração. Por isso, observava a história do vocábulo e não apenas as mudanças de fonemas decorrentes das leis fonéticas. Diante de duas formas concorrentes, a escolha por uma em detrimento de outra devia ser explicada por vários fatores, inclusive fatores psicológicos.

> Não dissocio do homem pensante e da sua psychologia as alterações por que passou a linguagem em tantos seculos. É a psychologia elemento essencial e indispensavel à investigação de pontos obscuros. As mesmas leis phoneticas seriam inexistentes sem os processos da memoria e da analogia. Até o esque-

cimento, a memoria negativa, é factor, e dos mais importantes, na evolução e progressos de qualquer idioma. (Said Ali, *Lexeologia*, 1921:III)

Ao incluir o componente psicológico na análise lingüística, Said Ali introduz o indivíduo no ato da comunicação oral ou escrita. Faz da língua uma atividade e não um produto, deslocando o foco de análise do fato lingüístico para a atividade lingüística, na qual o falante escolhe uma determinada forma em detrimento de outra.

Para Said Ali, lexeologia é a parte da gramática que estuda os vocábulos. As palavras são formadas por radical (elemento menos variável com significação própria) e afixos (elemento variável com significação relativa que adquire valor semântico na combinação com o radical). Na lexeologia, as palavras são divididas em grupos que apresentam caracteres comuns de ordem semântica (nomes, numerais, pronomes, artigos, verbos, advérbios, preposições e conjunções), e esses grupos também se subdividem de acordo com critérios semânticos (pronomes pessoais, possessivos, demonstrativos, relativos, interrogativos e indefinidos).

A segunda parte da *Gramática histórica* foi publicada dois anos depois (1923) com o título *Formação de palavras e syntaxe do portuguez historico*. Apenas em 1931, data do prefácio, a *Gramática histórica* foi editada com as duas partes em um mesmo compêndio.

Said Ali restringe o estudo da formação de palavras aos processos de derivação (sufixal, prefixal, parassintética e regressiva) e de composição. As alterações semânticas e as variações gramaticais observadas na história de certos vocábulos, bem como as importações de vocábulos estrangeiros, devem ser estudadas pela semântica e não como um processo de formação de palavras.

Paiva Boléo (1963:col.1248) considera Said Ali "o maior sintaxista da língua portuguesa" por fazer sintaxe interpretativa em "moldes modernos". No estudo da proposição, Said Ali delimita o campo de análise à dimensão lingüística e liberta a sintaxe do domínio da lógica.

> Definir gramaticalmente a proposição recorrendo a princípios estabelecidos na lógica tradicional, é mover-se em círculo vicioso; pois que a lógica, neste caso, não podendo penetrar diretamente no processo psíquico, teve de formular as suas conclusões na manifestação deste processo por meio da linguagem. O que a lógica estabelece e ensina parece racional em certos casos gerais; não assim em outros. A proposição *A árvore é verde* não se apresenta em nosso cérebro decomposta em *árvore* e *verde*, como duas imagens distintas que se vêm

juntar para constituir o pensamento. Por outra parte, podemos com um só vocábulo, como *amo*, *escrevo*, expressar duas idéias, a do ato e a do indivíduo que o pratica. (Said Ali, *Gramática histórica*, [1931]1975:266)

Mário Viaro (2001:11) reconhece a origem da *Gramática histórica* em pontos da *Gramática secundária,* e Said Ali faz várias referências à *Gramática histórica* na *Gramática secundária*. De forma que essas duas obras se completam: enquanto uma busca a explicação na história do fato lingüístico, a outra descreve-o como ele é usado na língua atual, sendo freqüentes as expressões como "na linguagem corrente de hoje", "na linguagem de hoje", "é ainda hoje a forma preferida na linguagem popular", etc.

A preocupação com a descrição da modalidade oral é recorrente na *Gramática secundária* e extrapola os capítulos iniciais dedicados à Fonética. Assim, observa-se o cuidado de Said Ali em mostrar que as interjeições, por serem gritos de dor, alegria, etc., são proferidas em tom de voz diferente do utilizado nos vocábulos da linguagem expositiva. Outro exemplo é a observância da pausa para identificar se a conjunção *porque* é subordinada causal ou coordenada causal. Variações fonéticas também são assinaladas, tais como: a pronúncia lusitana dos tritongos IEI, UEI, IÃO, IÕI (ex: fiéis, poeira, pião, piões), que na pronúncia brasileira se decompõem em vogal numa sílaba e ditongo na outra, e a alteração da vogal tônica nos plurais *almóços* e *pescóços* realizada apenas na fala lusitana. Há ainda comentários sobre a fala carioca, como, por exemplo, o registro da pronúncia *exti*, *vextidu* e não *eçti*, *veçtidu*, que no Rio de Janeiro da época soava como afetação. Por fim, critérios fonéticos são usados para explicar a maneira de dispor os termos da oração e os grupos de palavras:

> A colocação habitual não se explica satisfatoriamente pela seqüencia lógica das idéias, porque sendo esta a mesma por tôda a parte, varia entretanto a colocação de um idioma para outro.
> Parece antes vir fundada na intonação oracional própria de uma língua ou de um grupo de línguas. O português pertence ao número daquelas que se caracterizam pelo ritmo ascendente, em que se enuncia primeiro o têrmo menos importante e depois, com acentuação mais forte, a informação nova e de relevância para o ouvinte. (Said Ali, *Gramática secundária*, [1923]1969:198)

Assim como na *Gramática secundária*, a *Gramática elementar* tem uma abordagem sincrônica. Essas gramáticas diferem apenas quanto à função pedagógica. A *Gramática elementar* foi escrita para ser usada no ensino primário, de forma que a explicação gramatical é mais concisa e quase sempre está acompanhada por exercícios de aplicação. Said Ali apresenta 56 atividades gramaticais em que desenvolve tanto a pronúncia, através da solicitação de leitura em voz alta, quanto a escrita; sugere, inclusive, um ditado. Os exercícios são analíticos (identificar, localizar, classificar, determinar e especificar), estruturais (substituir, completar, alterar), e a maioria tem por unidade de análise a oração, havendo apenas sete exercícios que trabalham com o vocábulo como unidade de análise (análise da estrutura vocabular; formação de coletivos a partir de substantivos; formação de substantivos abstratos a partir de qualidades; gênero do substantivo pela terminação; formação de plural nos nomes; adjetivos aplicáveis aos dois gêneros; conjugação de formas compostas).

5. Rupturas com a tradição gramatical

Enquanto no final da década de 1920 a tradição gramatical brasileira limitava o escopo de análise aos textos escritos e autorizados pela literatura, Said Ali ampliou o campo de estudo abrangendo também a língua portuguesa falada no cotidiano.

> Os meios de expressão que examino são particularidades da própria linguagem falada, que em certas ocasiões se manifestam como fenômenos regulares. Os princípios de lógica em que assenta o edifício gramatical não bastam para a manifestação de certas sutilezas do pensamento. O espírito recorre, sempre que precisa, a expedientes mais práticos e difíceis de explicar pelos processos tradicionais. (Said Ali, *Meios de expressão e alterações semânticas*, [1930]1971: prólogo)

A preocupação com os hábitos de pronúncia remonta aos primeiros "estudos de lingüística" publicados na *Revista Brazileira* em 1895. Dentre esses estudos, vale citar o dos "fenômenos de intonação". A acentuação fonológica verifica a ocorrência de maior intensidade da voz, isto é, onde a sílaba é pronunciada com mais força (acento dinâmico) bem como a altura do som (acento musical). No português, a acentuação musical distingue, por exemplo, a interrogação da exclamação, modificando o sentido geral da frase.

O acento dinâmico pode ser silábico, vocabular ou oracional. Na sílaba, o elemento que se destaca é a soante; no vocábulo polissilábico, há tantos acentos silábicos quanto números de sílabas. Em um vocábulo, a sílaba tônica é a que se destaca pela pronúncia, e as demais são secundárias, podendo ser fracas ou semifortes.

> Mas o vocábulo não se costuma empregar isolado; entra como parte componente de uma oração, a qual tanto nas suas relações fonéticas como nas sintáticas constitui uma unidade, um todo. Nesse todo, na oração, há por vezes palavras pronunciadas umas com mais força, outras com menos, umas com voz mais alta outras com voz mais baixa. Na frase *o homem é mortal* os vocábulos *homem* e *mortal* soam mais fortemente que *o* e *é*; a acentuação do predicado é mais forte que a do sujeito, e, das duas palavras fracas, o artigo é mais fraco do que o verbo *é*. Logo, a acentuação oracional é a característica relativa de tôdas as palavras que constituem a oração. (Said Ali, *Dificuldades da língua portuguesa*, [1908]1957:5)

Na oração, a palavra forte tem o acento principal, a palavra semiforte tem o acento secundário e a palavra fraca apresenta ausência de acento, podendo ser enclítica ou proclítica, conforme a posição em que se encosta no vocábulo forte. Uma oração longa é formada por vários grupos fonéticos separados por ligeira pausa. Num grupo fonético, a palavra forte contém a idéia mais importante e costuma estar no final. A inversão da ordem causa anomalia e aguça a atenção do ouvinte, que, pela acentuação, percebe os termos deslocados como mais importantes. Expressões sintáticas, tidas como supérfluas ou anômalas, em Said Ali são explicadas pela função discursiva de realce, que desloca, pela acentuação oracional, o foco de interesse. Para evidenciar o sujeito de um grupo fonético que tenha o verbo com o acento principal (eu *disse*), divide-se esse grupo fonético em dois e, através da pausa gerada com a interposição da expressão "é que", realça-se o sujeito (*eu / é que disse*). Outra forma de realçar o sujeito é inseri-lo entre o verbo "ser" conjugado e uma das formas "que" ou "quem" (fui *eu / quem disse*).

Said Ali também explicou a colocação dos pronomes átonos pelo "fenômeno de intonação" e observou variações entre os falares de Portugal e do Brasil. Na época, os gramáticos admitiam a posição proclítica dos pronomes pessoais complementos apenas quando certas categorias gramaticais (pronomes, negação e advérbios) "atraíam" o pronome para antes do verbo. Como o uso faz as regras, e não os gramáticos, Said Ali analisou 175 ocorrências de pronome átono com verbo no infinitivo simples antecedido por preposição, em textos de Alexandre Herculano, Rebelo da Silva e Camilo Castelo Branco. Dessas ocorrências, 88% estavam na posição proclítica e 12% na enclítica, sendo que a ênclise fora usada para evitar cacofonia. Said Ali observou, ainda, que o deslocamento do pronome para antes do verbo estava condicionado pela ausência de pausa entre o verbo e a palavra que o antecedia.

> Na linguagem corrente de Portugal os pronomes pessoaes complementos collocam-se normalmente depois do verbo; podem no emtanto deslocar-se. Essa deslocação effectua-se em virtude de uma lei, a saber: quando não há pausa depois da palavra que precede o verbo, o pronome abandona o verbo e junta-se à palavra precedente. As apparentes excepções a essa lei são devidas à interferencia de outros factores, como a euphonia, a analogia, a tendencia erudita, etc.
> A regularidade tanto na collocação normal como na deslocação, segundo se observa na linguagem corrente de Portugal, pressuppõe pronuncia lusitana nos pronomes, nas demais palavras e na frase em geral. Logo, no Brazil, onde essas condições não se verificam, essa regularidade não póde existir. A regularidade lusitana é correcta em Portugal; a liberdade de collocação é correcta no Brazil, conforme já está sanccionada na linguagem literaria pelos escriptores brazileiros. (Said Ali, "Estudos de lingüística: a collocação dos pronomes pessoaes na linguagem corrente", 1895:314)

Said Ali pautou os estudos sobre versificação em critérios fonéticos, advindos das teorias lingüísticas que observavam a língua falada.

> Para que retalhar um verso em *Teus ó / lhos tão nê / gros tão pú / ros tão bél / los*, se o bom senso e a pronuncia reclamam da divisão em *Teus olhos / tão negros / tão puros / tão bellos*?
> Na realidade, a linguagem falada, quer em prosa, quer em verso, não isola as palavras como a escripta. Profere-as sem lhes prejudicar a integridade, nem o rythmo, em grupos expiratórios separados pelas pausas que o sentido e a necessidade de tomar folego requerem. (Said Ali, *Versificação portuguesa*, 1936:189)

Para a contagem dos versos, Said Ali utilizou a metrificação antiga, que levava em consideração as sílabas átonas finais. Observou que a repetição das sílabas com intensidades mais fortes (acento principal ou acento secundário) ocorre entre intervalos de uma ou de duas sílabas fracas ou com a suspensão da voz. O ritmo é marcado pela repetição freqüente com intervalos regulares, podendo ser positivo na alternância de sílaba forte com sílaba fraca ou negativo na pausa. A sensibilidade e o cuidado com que Said Ali tratou da fonética na poesia luso-brasileira mereceu o reconhecimento de Manuel Bandeira.

> O compêndio *Versificação portuguêsa*, ora editado pelo Instituto do Livro, parece-me, não obstante a sua brevidade e concisão, o mais inteligente e incisivo que sôbre a matéria já se escreveu no Brasil, senão também em Portugal. (Manuel Bandeira, 1948:IX)

Para Silva Neto (1955:111), a mais significativa contribuição de Said Ali foi na sintaxe. Diferentemente de seus contemporâneos, Said Ali não repetiu as infinitas regras de sintaxe de gramáticos de outras gerações e recorreu a interpretações lingüísticas para explicar os fenômenos sintáticos da língua.

> É o carácter *interpretativo* que distingue a sintaxe de SAID ALI e a extremada dos seus contemporâneos. Melhor falando, êle é um estilicista, um intérprete de estilos, mais interessado em surpreender estados d'alma, do que em formular regrinhas tão fúteis quão insustentáveis à luz do raciocínio. (Silva Neto, 1957:IX)

Nos estudos sobre o emprego do infinitivo pessoal, Said Ali divergiu da tradição de seus contemporâneos que continuava repetindo a teoria filosófica de Soares Barbosa. Diversamente, ele identificou a ocorrência de duas séries para o uso do infinitivo: em uma, o infinitivo liga-se a um verbo de significação incompleta e forma com ele um predicativo; em outra, o infinitivo tem ou admite um sujeito seu, não importando se é igual, ou não, ao de outro verbo.

Para a primeira série, o verbo de significação incompleta tem função de verbo auxiliar e está intimamente ligado ao verbo principal, que se apresenta no infinitivo sem flexão. Esses auxiliares, de acordo com a sua significação, podem ser auxiliares modais (poder, saber, dever, haver de, ter de, querer), auxiliares causativos (fazer, mandar, deixar), auxiliares acurativos (estar a, começar a, acabar de, continuar a, cessar de, ir), etc.

Com a introdução do elemento psicológico no estudo das formas analíticas e aproximando mais do terreno semântico o árido estudo gramatical, afasto-me sem dúvida dos formalistas que até agora têm concebido a classificação dos verbos quase que exclusivamente à luz das formas sintéticas latinas. (Said Ali, *Dificuldades da língua portuguesa*, [1908]1957:60)

Para a segunda série, não havendo os verbos com função auxiliar, o infinitivo tem aptidão para um nominativo sujeito, sendo necessário aplicar a lei de concordância verbal (em número e pessoa com o nominativo sujeito), mesmo na forma infinita.

Bechara (2006:19) observa ainda que Said Ali, além dessa explicação do emprego do infinitivo com valor gramatical, apresenta uma outra explicação com valor estilístico, em que o infinitivo é flexionado para suprir uma necessidade de clareza ou de ênfase.

6. Said Ali: um precursor da Lingüística no Brasil

Ao analisar a dimensão histórica das relações entre Filologia e Lingüística, Koerner (1997:12) observa que, em meados do século XIX, principalmente na Alemanha, é feita a distinção entre esses dois campos. August Friederick Schleicher (1821-1868), um dos primeiros a estabelecer tal diferença, verifica em ambas o caráter histórico, mas enquanto a *Philologie* considera a linguagem como um meio para investigar a cultura e o pensamento de um povo, a *Linguistik* é uma ciência natural que reconstrói a evolução interna de uma língua baseada em princípios e leis naturais decorrentes das transformações regulares observadas nos hábitos fonéticos espontâneos.

No século XX, Ferdinand de Saussure (1857-1913), com a publicação póstuma, em 1916, dos *Cours de Linguistique Générale* e com o conseqüente desenvolvimento e sucesso do Estruturalismo, desencadeia uma bipartição na tradição lingüística, separando, de um lado, a lingüística "tradicional" com orientação diacrônica e, de outro, a lingüística "moderna" com orientação predominantemente sincrônica.

No Brasil, o embate entre Filologia e Lingüística não seguiu o critério de Schleicher (culturalismo x naturalismo). As duas disciplinas foram consideradas ciências humanas e diferiam quanto ao objeto e à orientação. É preciso notar que, enquanto a Alemanha era o centro difusor das doutrinas linguísticas, Portugal continuava a ser o centro de referência para muitos gramáticos e puristas brasileiros.

Marca-se como início dos estudos de Lingüística em Portugal a publicação de *A Lingua Portugueza — phonologia, etymologia, morphologia e syntaxe* (1868) de Francisco Adolfo Coelho (1847-1919) por aplicar ao Português as lições de Friedrich Diez. Em 1878, Adolfo Coelho assumiu a cadeira de Lingüística Geral Indo-européia e Especial Românica no Curso Superior de Letras em Lisboa e dois anos depois, publicou *A Lingua Portugueza — noções de glottologia geral e especial portugueza* (1881). Nessa obra, o autor difere Glotologia de Filologia.

> Glottologia é a sciencia que tem por objecto a expressão do pensamento por meio de signaes e especialmente por meio de movimentos acústicos (glottica); a glottologia em sentido estricto é por isso a sciencia da linguagem propriamente dicta. [...] Philologia propiamente dicta é o conjuncto de conhecimentos que se referem à litteratura d'um ou mais povos e à língua que serve de instrumento a essa litteratura, consideradas principalmente como a mais completa manifestação do espírito d'esse povo ou d'esses povos. (Adolfo Coelho, 1881:10)

Segundo Olga Coelho (1998:28), no Brasil, os estudos filológicos têm ampla visibilidade e são temas dos principais debates acadêmicos nas décadas de 1940 e 1950. Filologia era a disciplina que tratava da literatura, das variações regionais e principalmente dos dados da(s) língua(s) por meio de um enfoque predominantemente diacrônico. Somente na década de 1960, a Lingüística ganhou espaço nos debates acadêmicos, foi tema de textos publicados nas revistas de prestígio e finalmente foi institucionalizada como disciplina nos cursos de Letras. Contudo, desde o final do século XIX, Said Ali já defendia a Lingüística como campo de estudo. Em 1895, sob o nome de "Estudos de Linguistica", Said Ali escreveu, com uma retórica bastante revolucionária, três artigos na *Revista Brazileira*, reconhecendo que sua análise divergia das demais apresentadas pelos gramáticos da época.

> As difficuldades na analyse desses casos [verbos sem sujeito] nascem entre nós não dos factos em si, mas por estarmos sempre propensos a subordinar e amoldar á força os factos reaes a certas doutrinas tradicionaes estabelecidas *a priori*. Em vez de aceitarmos os phenomenos linguisticos taes quaes se

apresentam, andamos geralmente a procurar fóra da linguagem um termo reclamado por um principio aprioristico, fingindo portanto um sujeito, ou então substituindo uma frase por outra, linguisticamente differente, em vez de analysar a primeira, analysamos a segunda. Em outras palavras: nós não analysamos: sophisamos a analyse. (Said Ali, "Estudos de Linguistica — verbos sem sujeito segundo publicações recentes", 1895:41)

Nos textos de Said Ali, é grande a recorrência do termo "lingüística", sempre assinalando um novo campo de estudo e uma nova maneira de tratar os dados das línguas. Essa nova maneira de estudar a linguagem assemelhava-se aos trabalhos de Saussure, conforme o próprio Said Ali declara no prefácio da segunda edição (1919) das *Dificuldades da língua portuguesa*.

Pude assim colhêr resultados que dão regular idéia da evolução do idioma português desde a sua existência até o momento presente, de onde se vê a razão de certas dicções duplas, coexistentes ora e ora sucessivas, fontes, muitas vêzes, de renhidas e fúteis controvérsias. Nesses fatos encontraria F. DE SAUSSURE, creio eu, matéria bastante com que reforçar as suas luminosas apreciações sôbre lingüística sincrônica e lingüística diacrônica. (Said Ali, *Dificuldades da língua portuguesa*, 1957:XVII)

Para Said Ali, a língua é ao mesmo tempo individual, ao ser a expressão da inteligência humana, e social, ao representar a cultura do povo que a fala. Para ele, a língua se expressa pelos vocábulos, e esses têm dois aspectos a serem observados: forma e significado.

Na sciencia da linguagem todas as vezes que queremos dirigir a nossa attenção para uma palavra qualquer, temos duas cousas bem distinctas a considerar: 1º um som ou agrupamento de sons; 2º a ideia ou significação da palavra. É como si dissessemos: os vocabulos são como seres vivos: possuem uma parte material ou corpo, e uma parte vital, que se póde chamar espírito ou alma. Uma e outra cousa estão sujeitas a transformações, mas as alterações que em virtude de certas leis physiologicas soffre o corpo do vocabulo, quer seja d'uma época para outra, quer seja d'uma para outra região, podem ser, e o são quase sempre, absolutamente independentes das alterações que por effeito das leis de ordem psychologicas soffre nas mesmas condições de mudança de tempo e de espaço a alma da palavra. (Said Ali, *Estudos de Linguistica — verbos sem sujeito segundo publicações recentes*, 1895:43-44)

Said Ali sempre descreve a língua como um sistema organizado em que os termos estão em relação. Essas relações podem ser associativas ou combinatórias.

> A oração tem em geral dois termos. Em geral, mas não sempre. Se a lingüística é ciência de observação, se os preceitos gramaticais resultam do método indutivo, teremos de admitir forçosamente, ao lado das proposições com sujeito e predicado, uma segunda categoria, em que se emprega um verbo sempre destituído de sujeito. Nos pensamentos expressos pelos verbos *chove, troveja, neva, venta,* nosso espírito nem sequer procede analiticamente; são orações completas sem diferenciação psicológica dos têrmos; comunicam apenas um fato e nada mais. Na frase *há muitos homens nesta terra* o sentido está completo, não se percebe falta de têrmo algum e é assim que a usa todo mundo. (Said Ali, *Dificuldades da língua portuguesa,* 1957:81)

Said Ali apresenta o papel do lingüista a partir da delimitação do campo de atuação da Lingüística e se assume como pesquisador dessa nova ciência.

> Explicar um fenômeno lingüístico não significa recomendar a sua aceitação no falar das pessoas cultas. Isto não é da jurisdição do lingüista. (Said Ali, *Meios de expressão e alterações semânticas,* 1971:158)

O estudo lingüístico está desvinculado da correção gramatical ou do purismo da língua portuguesa, tão veementemente defendidos nos compêndios de gramática ou nos serões gramaticais publicados nos jornais da época. Cabia ao lingüista investigar os fatos da língua e não a sua correção. Para Said Ali, os escritores registravam os estados de língua com usos de neologismos e novas formas de expressão consagradas pelo falar comum.

> O lingüista de hoje investiga os fatos sem preocupar-se com a questão do que é ou deixa de ser correto. Em geral procuro seguir o mesmo rumo; mas as dúvidas dêsse gênero podem prender-se a questões de ordem mais elevada e aí encontrar solução. Outras vêzes, a documentação geralmente respeitada em que fundo os estudos dará a solução incidentemente. (Said Ali, *Meios de expressão e alterações semânticas,* [1930]1971:X)

Considerações finais

Antes de finalizar, cabe uma última reflexão sobre o fato de Said Ali ter entrado para a historiografia como filólogo, apesar de sempre se intitular lingüista, de utilizar uma retórica própria com terminologia e objeto de análise específicos e diferentes dos adotados pela Filologia.

> A cunhagem de uma nova terminologia sugere o desejo de estabelecer um novo campo de estudo, o que não significa, necessariamente, que estes neologismos tenham transformado o campo em uma disciplina de imediato. (Koerner, 1997:10)

Segundo Murray (1994), o reconhecimento e o conseqüente sucesso de um novo campo de estudo decorre de um processo em que se observam cinco estágios: (1) "estágio normal", no qual são estabelecidas relações informais entre pesquisadores de diferentes instituições; (2) "estágio de formação de grupo", em que a liderança de um pesquisador congrega ao redor dele estudantes; (3) estágio de formação do "*cluster*", em que os cientistas do grupo se tornam autoconscientes, estabelecem padrões de comunicação, o grupo ganha visibilidade e as críticas atribuídas a eles sinalizam o sucesso do grupo, pois mostram que estão sendo lidos e comentados; (4) "estágio de especialização", no qual se verifica a institucionalização do *cluster*, que passa a ter organização formal; (5) "estágio acadêmico", marcado pelo reconhecimento do sucesso do novo campo de estudo que passa a ser considerado "ciência normal".

Ao analisar a concorrência dos campos da Lingüística e da Filologia no Brasil durante as décadas de 1940 a 1960, Coelho (1999:56-57) mostra que o insucesso da Lingüística frente à Filologia deveu-se em grande parte à falta de "cátedra" da Lingüística nas universidades públicas brasileiras, inviabilizando, na época, os estágios 4 e 5 que dariam à Lingüística autonomia enquanto campo de estudo. Desde o final do século XIX, a Lingüística foi apresentada por Said Ali como um programa de investigação autônomo com orientação sincrônica. Mesmo assim, seu nome foi associado à Filologia, que tinha nítida orientação diacrônica. Tal atribuição torna-se inexplicável, quando se olha apenas para as lições de Said Ali, mas frente à complexa rede de influências e de prestígio estabelecida na comunidade científica da época, percebe-se que a Filologia, independentemente das pesquisas desenvolvidas, era o campo de estudo de sucesso e congregava sob seu *status* todos os pesquisadores de prestígio, independentemente da linha em que atuavam. É interessante notar que em 1944, com mais de oitenta anos, Said Ali entra para a recém-fundada Academia Brasileira de Filologia e publica estudos lingüísticos na *Revista Philológica* dessa instituição. Reforçando ainda mais a identificação de Said Ali com a Filologia brasileira vem a lume a publicação póstuma de *Investigações Filológicas*, que reúne em um volume artigos de Said Ali publicados na *Revista Philologica*, na *Revista de Cultura* e no *Jornal do Brasil*.

Independentemente dos caminhos ou dos títulos com que Said Ali tenha entrado para a Historiografia da Gramática Brasileira, é inegável a sua contribuição. A clareza e a propriedade com que ele explicou os fatos da língua em seus artigos, bem como em suas gramáticas, fizeram desses textos referência obrigatória nos cursos de Letras. Tal reconhecimento atesta-se com as coletâneas dos artigos de Said Ali editadas por Manuel Bandeira e Evanildo Bechara e com as edições póstumas das gramáticas histórica, secundária e elementar, sendo os textos estabelecidos e adaptados à Nomenclatura Gramatical Brasileira (1958) por Maximiano de Carvalho e Silva, Evanildo Bechara e Adriano da Gama Kury, respectivamente. O cuidado em adequar os textos de Said Ali à NGB e ao novo sistema ortográfico deve-se à relevância teórica dos mesmos, que continuaram a ser referência na segunda metade do século XX.

Referências bibliográficas

BANDEIRA, Manuel. "Prefácio" In: SAID ALI, Manuel. *Versificação portuguêsa*. Ed. prefaciada por Manuel Bandeira, Rio de Janeiro: Imprensa Nacional, 1948, p. ix-xii.

BECHARA, Evanildo. "Manuel Said Ali Ida". *Letras. Revista dos Cursos de Letras*, Curitiba, 5-6, p. 167-182, 1956.

_____. "M. Said Ali". In: *SAID ALI, Manuel*,1969.

_____. "A contribuição de M. Said Ali à lingüística portuguesa". In: *SAID ALI, Manuel*, 2006.

BOLÉO, Manuel de Paiva. "ALI (Manuel Said)"; *VERBO. Enciclopédia Luso-Brasileira de Cultura*, 1, coluna 1248, Lisboa: Verbo, 1963.

COELHO, Francisco Adolfo. *A língua portuguesa*. 2ª ed., Porto: Magalhães e Moniz, 1887.

COELHO, Olga Ferreira. *Serafim da Silva Neto (1917-1960) e a filologia brasileira. Um ensaio historiográfico sobre o papel da liderança na articulação de um paradigma em Ciência da Linguagem.* Dissertação de Mestrado. São Paulo: Departamento de Lingüística da Faculdade de Filosofia, Letras e Ciências Humanas da Universidade de São Paulo, 1998.

_____. "Filologia e lingüística no Brasil (1940-1960): o ponto de vista filológico". In: *Historiografia da lingüística brasileira* — Boletim III, São Paulo, p. 37-60, 1999.

DIMITRIU, I.G. "In Memoriam — Manuel Said Ali Ida (21 octobre 1861- 27 mai 1953)"; *Orbis*, Louvain, tomo 8, nº 2, p. 578-582, 1959.

ELIA, Silvio. "Estudos filológicos no Brasil". *Ensaios de Filologia e Lingüística.* 2ª ed. ref. e aum., Rio de Janeiro: Grifo/Brasília: Instituto Nacional do Livro, 1975, p. 129-133.

FIGUEIREDO, Antonio Joaquim de. *Resenha breve das idéias gramaticais dos gregos aos nossos dias e outros ensaios.* Rio de Janeiro: Imprensa do Exército, 1957.

HOUAISS, Antônio; ESCOREL, Sílvia. "Said Ali"; *Enciclopédia Mirador Internacional*, v.18, p.10.148, Rio de Janeiro: Encyclopaedia Britannica do Brasil Publicações, 1975.

KOERNER, E.F. "Lingüística e Filologia: o eterno debate"; *Filologia e lingüística portuguesa*, São Paulo, 1, p. 7-20, 1997.

MATTOSO CÂMARA Jr., Joaquim. "Said Ali e a língua portuguesa"; *Dispersos.* Rio de Janeiro: Editora da Fundação Getúlio Vargas, 1972, p. 185-189.

MURRAY, Stephen. *Theory Groups and the Study of Language in North America: a Social History.* Amsterdam & Philadelphia: John Benjamins, 1994.

NASCENTES, Antenor (org.). *Miscelânea de estudos em honra de Manuel Said Ali*, Rio de Janeiro: [s.n.], 1938.

_____. *Estudos filológicos.* Rio de Janeiro: Civilização Brasileira, 1939.

RODRIGUES, José Honório. *Correspondência de Capistrano de Abreu.* 3 v. Rio de Janeiro: Instituto Nacional do Livro, 1954.

SAID ALI, Manuel. "Advertencia do traductor". In: PLOETZ, Carlos. *Primeiras noções de grammatica franceza.* Tradução do alemão por Manuel Said Ali. Rio de Janeiro: Francisco Alves, 1893.

_____. *Nova grammatica alleman.* Rio de Janeiro: Laemmert, 1894.

_____. "Questões ortographicas". *Revista Brazileira*, Rio de Janeiro, tomo 13, p. 148-162, jan-mar, 1898.

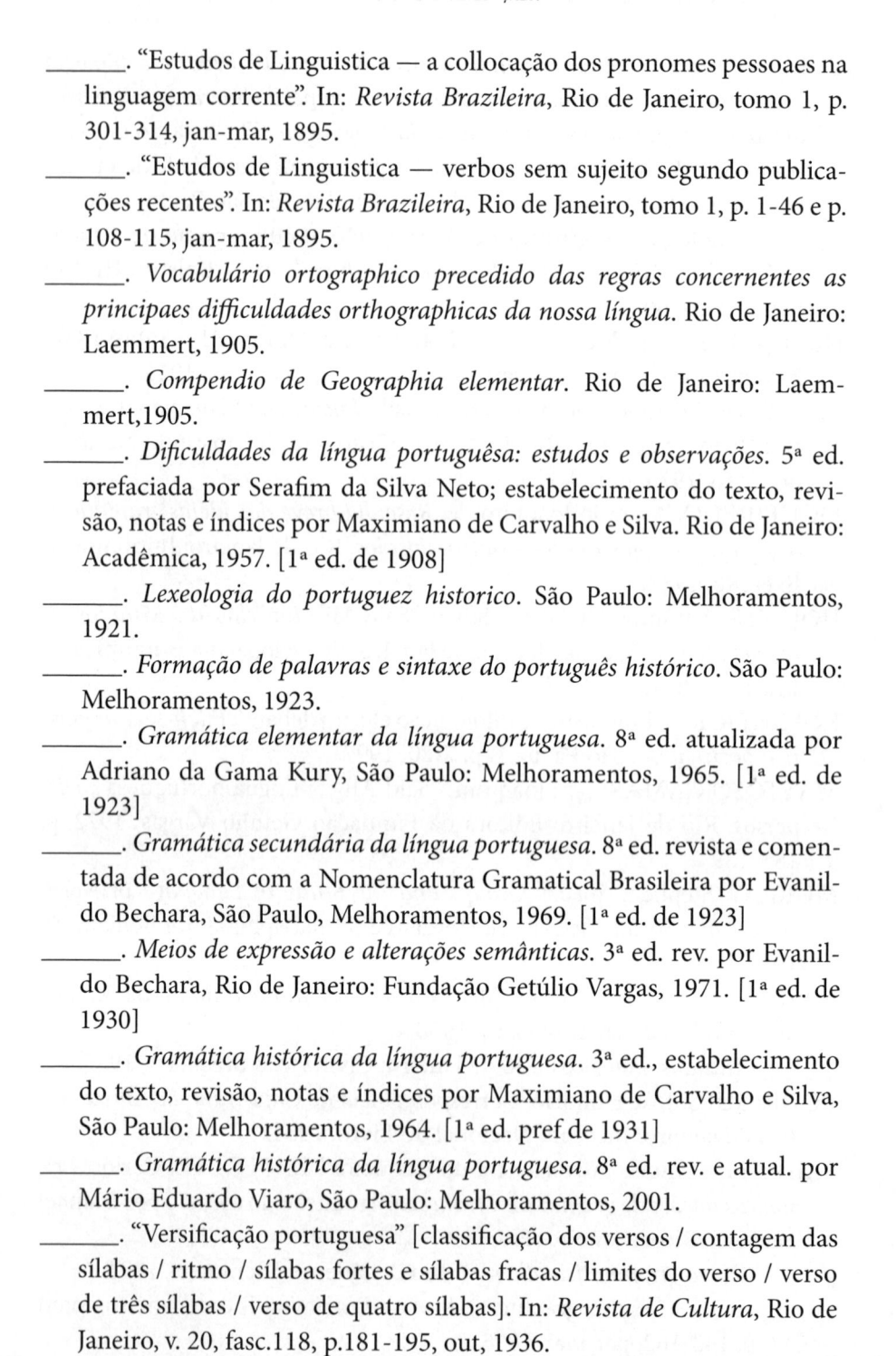

_____. "Estudos de Linguistica — a collocação dos pronomes pessoaes na linguagem corrente". In: *Revista Brazileira*, Rio de Janeiro, tomo 1, p. 301-314, jan-mar, 1895.

_____. "Estudos de Linguistica — verbos sem sujeito segundo publicações recentes". In: *Revista Brazileira*, Rio de Janeiro, tomo 1, p. 1-46 e p. 108-115, jan-mar, 1895.

_____. *Vocabulário ortographico precedido das regras concernentes as principaes difficuldades orthographicas da nossa língua*. Rio de Janeiro: Laemmert, 1905.

_____. *Compendio de Geographia elementar*. Rio de Janeiro: Laemmert,1905.

_____. *Dificuldades da língua portuguêsa: estudos e observações*. 5ª ed. prefaciada por Serafim da Silva Neto; estabelecimento do texto, revisão, notas e índices por Maximiano de Carvalho e Silva. Rio de Janeiro: Acadêmica, 1957. [1ª ed. de 1908]

_____. *Lexeologia do portuguez historico*. São Paulo: Melhoramentos, 1921.

_____. *Formação de palavras e sintaxe do português histórico*. São Paulo: Melhoramentos, 1923.

_____. *Gramática elementar da língua portuguesa*. 8ª ed. atualizada por Adriano da Gama Kury, São Paulo: Melhoramentos, 1965. [1ª ed. de 1923]

_____. *Gramática secundária da língua portuguesa*. 8ª ed. revista e comentada de acordo com a Nomenclatura Gramatical Brasileira por Evanildo Bechara, São Paulo, Melhoramentos, 1969. [1ª ed. de 1923]

_____. *Meios de expressão e alterações semânticas*. 3ª ed. rev. por Evanildo Bechara, Rio de Janeiro: Fundação Getúlio Vargas, 1971. [1ª ed. de 1930]

_____. *Gramática histórica da língua portuguesa*. 3ª ed., estabelecimento do texto, revisão, notas e índices por Maximiano de Carvalho e Silva, São Paulo: Melhoramentos, 1964. [1ª ed. pref de 1931]

_____. *Gramática histórica da língua portuguesa*. 8ª ed. rev. e atual. por Mário Eduardo Viaro, São Paulo: Melhoramentos, 2001.

_____. "Versificação portuguesa" [classificação dos versos / contagem das sílabas / ritmo / sílabas fortes e sílabas fracas / limites do verso / verso de três sílabas / verso de quatro sílabas]. In: *Revista de Cultura*, Rio de Janeiro, v. 20, fasc.118, p.181-195, out, 1936.

_____. *Versificação portuguesa*. Ed. comentada e prefaciada por Manuel Bandeira, Rio de Janeiro: INL, 1948.

_____. *Acentuação e versificação latinas: observações e estudos*. Rio de Janeiro: Simões, 1956.

_____. *Investigações filológicas*. 3ª ed. rev. e ampl. com estudo e organização de Evanildo Bechara, Rio de Janeiro: Lucerna, 2006. [1ª ed. de 1975]

SILVA, Maximiano de Carvalho e. "Fontes para o estudo da vida e obra de Manuel Said Ali" *Confluência. Revista do Instituto de Língua Portuguesa*, Rio de Janeiro, 5, p. 48-59, 1º sem. 1993.

SILVA NETO, Serafim da. "Manuel Said Ali". *Revista Brasileira de Filologia*, Rio de Janeiro, 1, tomo 1, p. 109-112, 1955.

_____. "Prefácio". In: *SAID ALI, Manuel* (1957).

VLACH, Vânia Rubia Farias. *A propósito do ensino de geografia: em questão, o nacionalismo patriótico*. Dissertação de Mestrado em Geografia. São Paulo: Faculdade de Filosofia, Letras e Ciências Humanas, Universidade de São Paulo, 1988.

CAPÍTULO 2

Artur de Almeida Torres – O porta-voz da NGB

Maria Ignez Salgado de Mello Franco (IP-PUC/SP – PUC/SP)
Miguél Eugenio Almeida (IP-PUC/SP – UEMT)
Marilena Zanon (IP-PUC/SP – PUC/SP)

1. Delineando a contextualização

> ...a nova nomenclatura tem a vantagem incontestável de haver simplificado e unificado os métodos até então adotados entre nós, traçando rumos mais seguros e consentâneos com o progresso da ciência da linguagem.
> *(Artur de Almeida Torres — prefácio à primeira edição da* Moderna gramática expositiva da Língua Portuguesa*)*

1.1 Introdução

Este estudo objetivou pesquisar fatos ou acontecimentos que levaram à produção da *Moderna gramática expositiva* do professor Artur de Almeida Torres, verdadeiro porta-voz da NGB — Nomenclatura Gramatical Brasileira. Ele foi o autor da primeira gramática pós-NGB, que serviu de modelo para revisão ou produção de outras, tendo como fulcro central a adaptação da mesma pelo decreto-lei 36 de 28/01/1959.

Pesquisamos influências político-sociais, econômicas e culturais do período — para fazer a sua adequada contextualização — que sem dúvida repercutiram não só nas gramáticas seguintes mas também no ensino de Língua Portuguesa, durante muitos anos.

Iniciamos o trabalho pelos estudos da professora Maria Luísa Ribeiro, que em seu livro *História da educação brasileira: a organização escolar* mostra uma radiografia do Brasil de 1549 a 1964.

Além da professora Maria Luísa, analisamos a obra do professor Paulo Ghiraldelli Jr., *História da educação brasileira*, e o livro de Barbosa Lima Sobrinho, *A língua portuguesa e a unidade do Brasil*.

Pesquisamos alguns educadores que, com suas teorias, também ajudaram a mudar o panorama da educação. Buscamos referências sobre Torres e levantamos conceitos adotados por ele sobre linguagem, língua e ensino. Avançando um pouco mais, analisamos as possíveis influências sofridas por ele na época da publicação da NGB, bem como os resultados da posição que ele tomou.

A NGB, como não poderia deixar de ser, foi alvo de nossas investigações.

1.2 Uma visão de época

Ribeiro divide a História da Educação em oito períodos, levando em conta a influência de outras ciências e dos campos político, social e econômico:

1º) *de 1549 a 1808*: A consolidação do modelo agrário-exportador dependente;

2º) *de 1808 a 1850*: A crise do modelo agrário-exportador dependente e início da estruturação do modelo agrário-comercial-exportador dependente;

3º) *de 1850 a 1870*: A consolidação do modelo agrário-comercial-exportador dependente;

4º) *de 1870 a 1894*: A crise do modelo agrário-comercial-exportador dependente e tentativa de incentivo à industrialização;

5º) *de 1894 a 1920*: A manutenção do modelo agrário-comercial-exportador dependente;

6º) *de 1920 a 1937*: A nova crise do modelo agrário-comercial-exportador dependente e início da estruturação do modelo nacional-desenvolvimentista, com base na industrialização;

7º) *de 1937 a 1955*: O modelo nacional-desenvolvimentista com base na industrialização;

8º) *de 1955 a 1964*: A crise do modelo nacional-desenvolvimentista da industrialização.

Para alcançar os objetivos da pesquisa, recortamos os dois períodos que mais diretamente influenciaram a aprovação da NGB, isto é, o 7º e o 8º períodos, que nos forneceram pistas suficientes para obtenção de dados para análise, chegando à conclusão de que, sem dúvida alguma, os acontecimentos da época permitiram a confecção de um anteprojeto referente ao ensino da gramática, aqui no Brasil.

A professora e pesquisadora Maria Luísa Ribeiro subdivide o 7º período, que vai de 1937 a 1955, em três partes:
— 1937-1945: Getúlio Vargas — período chamado Estado Novo;
— 1946-1950: Eurico Gaspar Dutra — período que reage ao Estado Novo;
— 1951-1954: Getúlio Vargas — período em que Getúlio Vargas retorna à presidência, por meio de eleições gerais.

A Constituição de 1934, promulgada no 6º período, assim denominado por Ribeiro, teve pouca duração, pois em 1937 tivemos uma nova Constituição, promulgada pelo então presidente Getúlio Vargas, que se tornou "ditador", iniciando o período conhecido como Estado Novo.

O Estado Novo

No sétimo período, o processo unitário de crescimento das forças econômico-sociais do Brasil continuou cada vez mais acelerado. Esse processo iniciou-se antes de 1930, e continuou a exercer grande pressão sobre a superestrutura política. Em 1930, a Faculdade de Letras começou a funcionar e a exercer sua missão de ensino e de pesquisa.

Do ponto de vista econômico, porém, o ano de 1937 foi o marco inicial do 7º período, considerado de transição, pois a aristocracia rural do café foi derrubada e, de imediato, não havia nenhum grupo social que fosse suficientemente forte para substituí-la. O enfraquecimento dos grupos foi aguçado por revoluções que aconteceram principalmente em São Paulo, onde se queria uma nova Constituinte, mas também em outros estados, lideradas pelas forças federais. Em 1935, houve nova revolução, a Intentona Comunista, encabeçada pelo Partido Comunista.

No meio de tantas opiniões divergentes, a capitalização, o desenvolvimentismo e a industrialização do Brasil foram conquistados, com grandes sacrifícios da população. Além disso, iniciaram-se, por parte do governo, na ditadura de Getúlio e de seus aliados, o terror policial, a repressão violenta e as deportações. O integralismo, movimento iniciado por Plínio Salgado, se fortificou, dando falsa impressão de paz às classes dominantes e à classe média. Com todos esses fatos intercorrentes, a política exerceu papel importante no processo educacional.

Analisando o campo da política educacional do Estado Novo, constatamos que várias leis orgânicas do ensino foram definidas pelo então Ministro da Educação Gustavo Capanema. O que se esperava era que a educação pública fosse privilegiada, mas isso não aconteceu, pois o Estado abriu mão dela, não assumindo um papel central, sendo somente um órgão subsidiário para a política educacional. A lei de 1934, que garantia o direito de todos à educação e obrigava os poderes públicos a mantê-la, foi substituída por um texto que desobrigava o Estado de manter e expandir o ensino público.

A educação proposta durante o Estado Novo manteve alguns princípios da fase anterior e procurou dar ênfase aos trabalhos manuais na escola, mostrando que a orientação político-educacional era capitalista, objetivando preparar um maior número de pessoas para as novas funções abertas pelo mercado. O ensino público percorreu dois caminhos: um para as crianças e jovens mais abastados e outro para indivíduos das classes menos favorecidas que permanecessem na escola. A elite fazia o primário, o ginásio e, se quisesse, um curso superior; os mais pobres ou aumentavam o índice de evasão escolar ou tinham acesso ao primário e depois a cursos profissionalizantes.

O ensino-aprendizagem cada vez mais apontava para a contradição entre *quantidade* x *qualidade*, que já estava presente em 1937 e que se estendeu até 1955, apesar de haver algumas ações que fortaleceram a educação. Outras, porém, colocaram-na em segundo plano:

— os recursos financeiros aumentaram para a educação e cultura, mas a taxa empregada pelos estados não acompanhou o montante do orçamento;

— algum resultado foi obtido — o aumento do índice de alfabetização, por exemplo —, mas não se chegou ao que se esperava. Os desfavorecidos, pela grande concentração nas zonas urbanas e suburbanas, mantêm um alto índice de analfabetismo;

— a rede de escola elementar é ampliada, mas não consegue atender toda a população, nesta faixa etária, aumentando a seletividade dos alunos;

— o número de reprovações entre 1935 e 1945 diminuiu;
— a melhor formação do professor e as classes menos numerosas não resultaram em mudanças significativas;
— o ensino médio recebeu pouco auxílio financeiro;
— o ensino superior teve ampliação marcante;
— a evasão escolar não foi solucionada.

Vargas prometia o desenvolvimento industrial e o bem-estar social da camada mais pobre da população, afirmando que o Estado deveria responsabilizar-se mais pela educação popular.

Somam-se a isso alguns outros dados anteriores a 1937, que tiveram repercussão em anos subseqüentes: de 1934 a 1937, o Brasil, não encontrando eco e apoio, por parte da Inglaterra e dos EEUU, inclinou-se a colaborar com a Alemanha, por meio de negócios, o que levou o presidente Getúlio Vargas, em 1940, a ter simpatia pela Alemanha, país que dera início à Segunda Guerra Mundial, em 1939.

Opondo-se ao movimento político do presidente Vargas, em favor dos alemães, os EEUU exerceram grande pressão diplomática e econômica sobre o Brasil, através da oferta de financiamentos importantes. O Brasil, precisando desse apoio, percebeu que deveria mudar o seu ponto de vista político e passou a apoiar as chamadas "forças aliadas", o que levou à grande penetração capitalista norte-americana no Brasil, atingindo seu apogeu em 1955.

Alguns dados educacionais também são dignos de nota:
a) a publicação de *O problema da língua brasileira* em 1940, por Sílvio Elia, que faz críticas sobre os estudos lingüísticos e sobre alguns estudiosos da língua nacional. Nesse livro ele apresenta os conceitos de linguagem, de língua, de dialeto, de falares, cultura e civilização; dedica também alguns capítulos à Lingüística, nomeando vertentes e seus adeptos;
b) o início do trabalho de elaboração de um anteprojeto de lei de diretrizes e bases da educação nacional;
c) a Reforma de Ensino Capanema, decretada no dia 09 de abril de 1942, que abrangeu o ensino secundário e técnico-industrial e que vigorou até a aprovação de "Lei de Diretrizes e Bases da Educação Nacional" em 1961; para alguns estudiosos, porém, a lei Capanema foi apenas um reflexo da ideologia nazifascista, na organização escolar do Brasil;

d) a publicação do *Formulário ortográfico — instruções para a organização ortográfica da língua portuguesa*, em 12 de agosto de 1943, o qual apresenta um conjunto de regras ortográficas, de pontuação, regras quanto ao uso de letras maiúsculas e minúsculas, dos nomes próprios, além da grafia correta dos topônimos de origem tupi-guarani;
e) a reestruturação do ensino comercial, ramo do ensino médio, entre os anos de 1943 e 1945.

Por outro lado, a guerra levou a movimentos contra os regimes totalitários, como o de Getúlio Vargas; houve muitas campanhas de anistia e os preceitos democráticos foram ganhando força. Estávamos ainda em plena ditadura de Getúlio Vargas, que, pressionado, decreta a Anistia e declara legal o Partido Comunista. Esses e outros fatos, como sua rejeição aos EEUU, contribuíram para que ele fosse deposto por um movimento militar em 29 de outubro de 1945, renunciando formalmente ao cargo de presidente.

Eurico Gaspar Dutra

Assumiu o governo em 1945, sucedendo Getúlio Vargas. A mudança de governo para o Marechal Dutra criou alguns problemas e solucionou outros: *a)* a vontade de separar as línguas brasileira e portuguesa: *b)* o contramovimento, pedindo que a Língua Nacional se mantivesse com o nome de Língua Portuguesa, procurando justificar a denominação por meio de fatos históricos e considerações lingüísticas; *c)* a realização de uma nova reforma ortográfica em 1946, com o objetivo de eliminar diferenças de grafia entre palavras escritas em Portugal e no Brasil; *d)* a realização do III Congresso Nacional dos Estabelecimentos Particulares de Ensino, em 1948, que defendia os interesses do ensino privado, apoiado por Carlos Lacerda; *e)* o encaminhamento, em 29 de outubro de 1948, de um projeto de lei, subscrito pelo então Ministro da Educação e Saúde — Clemente Mariani —, que daria origem à primeira Lei de Diretrizes e Bases Nacionais; 13 anos depois, em 20 de dezembro de 1961, tal lei foi promulgada. O atraso foi motivado pelas disputas entre diferentes correntes e pela defesa do princípio de centralização ou descentralização. Acirra-se a luta entre a escola pública e a particular e iniciam-se os movimentos populares que discutiam a Educação.

Em 18 de setembro de 1946, o presidente Dutra promulgou a quarta Constituição Republicana, que não diferia muito da de 1934. Nela, destacamos o artigo que declara que o ensino primário deve ser gratuito para todos e que o ensino oficial posterior também será gratuito a todos os que provarem sua necessidade. As empresas passam a ter responsabilidade sobre a educação de seus empregados menores de idade e dos filhos de empregados, no caso de empresas com mais de cem funcionários.

Em relação à economia, o presidente não consegue deter a inflação, permitindo que um pequeno grupo de pessoas se tornasse mais rico. A grande massa da população vê seus salários diminuírem e os preços subirem assustadoramente. Seu mandato, porém, estava terminando antes de ele poder reformular alguma coisa, especialmente no campo econômico, levando a uma reviravolta política.

Retorno de Getúlio Vargas

Em 1951, Vargas retorna à presidência, através de eleições gerais, e promete lutar contra o imperialismo, que ele responsabilizava por sua deposição em 1945. Vargas reinicia a política de aproximação com o povo, recebendo o seu governo a adjetivação de "populista"; ele próprio era chamado de "pai dos pobres". Nomeia João Goulart para o Ministério do Trabalho, o qual se uniu aos líderes sindicais e começou a política chamada de "peleguista" (líder trabalhista ligado ao governo à base de suborno). Em 1954, Getúlio Vargas se suicidou, pondo fim aos acontecimentos desse período. No dia anterior à sua morte, centenas de estudantes marcharam pelo centro da cidade de São Paulo, exibindo na lapela um "R", que significava "renuncie".

Outros dados importantes

O 7º período foi fecundo em medidas que buscavam traçar uma melhor política educacional:
— criação de vários órgãos: Instituto Nacional de Estudos Pedagógicos (INEP-1938); Serviço Nacional de Radiodifusão Educativa (1939); Instituto Nacional do Cinema Educativo (1937); Serviço do Patrimônio Histórico e Artístico Nacional (1937); Serviço Nacional de Aprendizagem Industrial (SENAI-1942); Serviço Nacional de

Aprendizagem Comercial (SENAC-1946); Conselho Nacional de Pesquisa (CNP-1951); Campanha Nacional de Aperfeiçoamento de Pessoal de Nível Superior (CAPES-1951); Campanha de Aperfeiçoamento e Difusão do Ensino Secundário (CADES-1954); Centro Brasileiro de Pesquisas Educacionais e Centros Regionais de Pesquisas Educacionais (1955), além de muitos outros de caráter suplementar e provisório de iniciativa oficial ou particular;
— Mattoso Câmara, em 1952, colaborou com os estudos lingüísticos com seu livro *Contribuição para uma estilística da língua portuguesa*. O lingüista foi ainda mais longe, publicando em 1956 o *Dicionário de filologia e gramática*, revisto atualmente com o nome de *Dicionário de lingüística e gramática*.

Iniciou-se então (1955-1964) o 8º período, chamado de Crise do Modelo Nacional-Desenvolvimentista da Industrialização, e que como todos os outros foi conseqüência de vários fatos anteriores:
— o suicídio do presidente Getúlio Vargas — que já estava isolado politicamente;
— a publicação de sua carta-testamento, que provocou revolta popular;
— alguns outros fatos políticos, como a entrega, pelo então presidente Café Filho, de todos os ministérios a pessoas de um único partido: UDN — União Democrática Nacional;
— a derrota do candidato da UDN, Juarez Távora, que era candidato à presidência;
— a disputa de Juscelino Kubitschek, tendo como lema "fazer o Brasil progredir 50 anos em 5", que agradou à maioria da população, conduzindo-o à presidência. Sua posse, porém, foi impedida várias vezes, mas finalmente se realizou em novembro de 1955, após ser decretado "estado de sítio" e o vice-presidente do senado, Nereu Ramos, ter assumido o governo;
— Kubitschek conseguiu aumentar a malha viária brasileira, expandiu a energia, diversificou os meios de transporte e construiu Brasília, visão preconizada por Dom Bosco. Vários setores sociais o apoiaram: a burguesia industrial, a burguesia agrária, o operariado sindicalizado e as forças nacionalistas.

Após um ano de governo agitado, finalmente Juscelino conseguiu executar seu programa de governo, chegando a obter um clima de paz social.

O grande afluxo de capital estrangeiro ajudou muito o desenvolvimento industrial e, de 1958 a 1961, tivemos um período dito áureo do desenvolvimento econômico brasileiro, quando a empregabilidade aumentou muito, mas os lucros ficaram, infelizmente, concentrados em setores internos e externos.

O espírito desenvolvimentista inverteu o papel do ensino público, colocando-o novamente com o objetivo de formação de mão-de-obra para o mercado de trabalho. Os recursos para o ensino industrial entre 1957 e 1959 foram quadruplicados. Como resultado, conclui Ghiraldelli: "Enquanto isso, o país, em plena ultrapassagem da metade do século XX, manteve a metade de sua população sem o domínio dos conhecimentos básicos da leitura e da escrita." (p. 103).

Elaborada em 1958, finalmente, em 28 de janeiro de 1959, o Ministro da Educação fixou por decreto, através da Portaria nº. 36 de 28/01/59, a NGB — Nomenclatura Gramatical Brasileira. Na realidade, ela nada mais foi do que uma lista ou talvez um esquema da gramática, onde só havia os nomes de fatos gramaticais, sem definições ou conceitos. Sua chegada, porém, fez ressurgir a esperança de que os alunos pudessem escrever melhor, conhecendo regras metalingüísticas da gramática e, com isso, adquirir maior conhecimento da língua materna e melhor desempenho na disciplina.

Novos enganos colaboraram para problemas posteriores, que prejudicaram tanto a educação, quanto a economia:
— o abandono da região nordestina por parte do governo;
— a confusão de expansão industrial com industrialização e expansão nacional;
— o pensamento ingênuo de que uma nação rica faz um povo rico, invertendo a máxima: "um povo rico faz uma nação rica";
— a aceitação de uma estrutura agrária que não era compatível com a expansão industrial e com o desenvolvimento nacional;
— a manutenção da Instrução 113, que permitia a entrada de capital estrangeiro em condições privilegiadas, em detrimento e com sacrifício do capital nacional.

Tudo isso levou a um novo período de crise, exigindo mudança de modelo político e econômico, pois eles não eram compatíveis entre si.

Em 1960, Jânio Quadros foi eleito, mas logo renunciou, assumindo João Goulart, que foi deposto e exilado.

Nesse início de período, no setor da educação, preferiu-se a pesquisa sobre o ensino, e observamos que houve continuidade da ampliação da rede escolar. O analfabetismo diminuiu significativamente. O ensino elementar, entre 1955 e 1965, dobrou, havendo necessidade de construção de novas escolas e de ampliação do corpo docente. O ensino médio cresceu mais devagar e continuou acadêmico, tradicional, apesar das transformações técnico-industriais pelas quais a sociedade passava. Quanto ao ensino superior, ele continuou muito reduzido pelo pouco recurso financeiro que lhe era destinado.

Os estudos lingüísticos tomaram corpo na década de 1960. Entre os anos de 1963 e 1965, Nelson Rossi publicou o *Atlas prévio dos falares baianos* e Celso Cunha proferiu uma conferência no MEC, em dezembro de 1964, para falar sobre "O ensino da língua nacional". A disciplina de Lingüística é implantada nos cursos de Letras, e cursos de pós-graduação em Lingüística foram criados. Os lingüistas e outros estudiosos da Língua Portuguesa fizeram vários questionamentos sobre o modo de se ensinar a gramática. Tal discussão vem até os dias de hoje e está ganhando mais adeptos.

Uma década depois da publicação da NGB, os problemas relacionados ao ensino continuaram: a evasão, a dificuldade das competências leitora e escritora, entre outros. Várias pesquisas feitas para avaliar sua evolução mostravam que o fracasso escolar persistia. O ensino ainda destinava-se mais às camadas privilegiadas da população que já chegavam com algum conhecimento da língua, mas a concepção de língua era então a do conhecimento lingüístico, usando textos ou não, para estudar as estruturas lingüísticas que eram submetidas à análise gramatical.

1.3 Algumas teorias educacionais (1958-1961)

O deputado Carlos Lacerda apresentou um substitutivo ao projeto de LDB, priorizando os interesses da escola particular, o que gerou tensão social e um grande movimento contra tal substitutivo.

A educadora Maria José G. Werebe analisou a questão e disse que o movimento foi motivado pelo choque entre as diversas correntes em defesa dos princípios da escola pública e da escola particular. A Igreja Católica tomou partido da escola particular, acirrando mais a discussão. Ressurgiu então o "Manifesto dos Pioneiros da Educação Nova", sob o título "Mais uma vez convocados". Já o educador Florestan Fernandes argumentava para a democratização educacional, rebatendo que a igreja católica sempre trabalhou a favor dos grupos mais privilegiados. Finalmente a LDB é promulgada, não fazendo restrição ao ensino particular.

A partir de 1959 começam várias ações promovidas por diferentes entidades, sempre lutando pela defesa da escola pública. Surgiram muitos nomes a favor da escola pública: Fernando de Azevedo, que redigiu o já citado "Mais uma vez convocados"; historiadores como Caio Prado Júnior, Nelson Werneck Sodré e o sociólogo Florestan Fernandes. Houve até apoio de pessoas ditas conservadoras, como o jurista Miguel Reale.

Três grupos de filósofos da educação aderiram ao movimento:

1 — o primeiro, liderado por Anísio Teixeira e que se inspirou na filosofia pragmatista e liberal do americano John Dewey;

2 — o segundo grupo, mais conservador, inspirado nas idéias de Kant: Roque Spencer Maciel de Barros, Laerte Ramos de Carvalho, João Villa-Lobos, entre outros;

3 — o terceiro grupo, chamado de socialista, queria a democratização da cultura para as classes populares: entre eles estavam Florestan Fernandes e Anísio Teixeira.

Finalmente a LDBEN — Lei de Diretrizes e Bases da Educação Nacional — foi aprovada pela Câmara, depois pelo Senado e finalmente promulgada pelo presidente, em 1961. Através da lei 4.024/61, a LDB garantia igualdade de tratamento, por parte do Poder Público, para os estabelecimentos oficiais e particulares. Segundo Ghiraldelli, essa lei demorou tantos anos para ser aprovada que não se percebeu que ela tinha sido feita para um país pouco urbanizado e que o Brasil da época tinha outras necessidades educacionais que o Parlamento não conseguiu perceber (cf. p. 99).

No início da década de 1960 surgem os "Movimentos de Educação Popular", cujo objetivo era fazer a população adulta participar mais ativamente da vida política brasileira: Centros Populares de Cultura (CPC); Movimentos de Cultura Popular (MCP) e Movimento de Educação de Base (MEB), em 1963, com o 1º Encontro Nacional de Alfabetização e Cultura Popular; em 1964, Seminário da Cultura Popular. Ainda em 1964 foi criado o Plano de Alfabetização Nacional (PNA), que visava à alfabetização de 5 milhões de brasileiros em um ano. Não vingou e foi extinto, depois de três meses, como resultado de mudanças políticas, a partir do golpe de 31 de março de 1964. Aos poucos, núcleos de "Educação Popular" vão sendo paralisados, pois o governo militar, após 1964, cerceou tais movimentos por acreditar que eles possuíam inspiração marxista. Alguns deles eram ligados à União Nacional dos Estudantes (UNE), e outros, à Confederação Nacional dos Bispos do Brasil (CNBB).

É preciso assinalar aqui a influência do brasileiro Paulo Freire, que propôs uma "pedagogia *made in Brazil*" e que também influenciou a proliferação dos movimentos populares anteriormente mencionados. Ele foi um social-cristão que idealizou uma pedagogia, chamada Pedagogia de Paulo Freire ou Método Paulo Freire. Tal pedagogia era popular, conscientizadora, libertadora e problematizadora, segundo os estudiosos de sua obra. Seus trabalhos ganharam o *status* de filosofia da educação. Ele afirmava que o homem tem vocação para ser "sujeito da história", e não para ser mero "objeto" da história.

2. Delineando o princípio da imanência

2.1 Professor Artur de Almeida Torres

Obtivemos poucos dados de nosso pesquisado. Sabemos que Artur de Almeida Torres foi um grande professor do Colégio Pedro II e membro da Academia Brasileira de Filologia. Naquela época, os filólogos conheciam bem a história da língua, fazendo estudos comparativos e históricos, a partir do latim e das demais línguas românicas. Eles tinham como objetivo buscar a origem das palavras e também soluções que, porventura, surgissem.

Ele foi colega de brilhantes professores, como Clóvis Monteiro, Cândido Jucá Filho, Antônio Chediak e Celso Cunha. Entre os citados e homenageados por Torres, em sua primeira edição da *Moderna gramática expositiva da Língua Portuguesa*, estão três dos quatro membros da comissão designada pelo Ministério da Educação e Cultura para elaborar o anteprojeto de Nomenclatura Gramatical: Clóvis Monteiro, Cândido Jucá e Celso Cunha.

O Professor Antônio Chediak, embora não tenha feito parte dessa comissão, foi um dos seus assessores, juntamente com os Professores Serafim da Silva Neto e Sílvio Elia. Devemos acrescentar ainda que o próprio Professor Artur de A. Torres fez parte de outra comissão designada pela Academia Brasileira de Filologia para examinar o anteprojeto e apresentar sugestões, juntamente com os professores Sílvio Elia e Ismael Lima Coutinho.

Além dos professores homenageados, ele mencionou também outros que foram seus colegas no exame da Nova Nomenclatura ou que já tinham grande prestígio, nessa época: Antenor Nascentes, Newton Perissé Duarte, Ismael Lima Coutinho, Lia Amélia Viana e Zélio dos Santos Jotha.

Além de sua gramática, publicada apenas dois meses após a promulgação da NGB, ele escreveu e publicou *Estudos lingüísticos* (FAHUPE, 1978) quase vinte anos após a publicação de sua gramática.

2.2 A obra de Artur de Almeida Torres: aspectos gerais

A única gramática do professor Torres que conhecemos foi a *Moderna gramática expositiva da língua portuguesa*, cuja primeira edição foi publicada em março de 1959; a segunda, em julho de 1959; e a terceira, também em julho de 1959 (somente quatro meses após o lançamento da primeira edição). Tal fato é explicado por ter sido a primeira gramática com a incorporação da NGB.

Optamos por analisar a terceira edição, que foi dedicada aos "eminentes colegas" Prof. Clóvis Monteiro; Prof. Cândido Jucá (Filho); Prof. A. Chediak; Prof. Celso Cunha. A escolha foi influenciada pela própria fala de Torres no prefácio da segunda edição (p. 7-8). Ele o inicia com uma epígrafe de Alexandre Herculano, escritor português: "A primeira edição de um livro não passa de uma cópia em limpo." (Alexandre Herculano, Cartas, II, 78).

O autor explicou que elaborou a obra com pressa para atender às exigências da NGB (Nomenclatura Gramatical Brasileira), por isso houve imperfeições e lacunas na primeira edição, mas na segunda ele já procurou corrigi-las com cuidado, buscando corresponder à confiança dos que acolheram a gramática. Ele ainda esclarece que a fase é de transição e de incertezas, por causa das inovações e das modificações que foram introduzidas no bojo da tradicional nomenclatura. Acrescenta que "nós, pesquisadores, sabemos que os próprios autores da reforma não tinham concordância em todos os aspectos e não se achavam em perfeita harmonia". Como conseqüência, houve vacilações no início da reforma ortográfica. O professor disse que, passado o primeiro momento, porém, com mais calma e também com as sugestões recebidas de ilustres colegas, foi possível fazer uma nova edição, onde se buscou conceituar os fatos com maior segurança e coerência, tarefa nada fácil e demorada. Agradece a todos (Antenor Nascentes, Newton Perissé Duarte, Ismael Coutinho, Lia Amélia Viana e Zélio dos Santos Jotha) que cooperaram e aos estudiosos, e lança uma nova edição, solicitando, porém, que os colegas continuem a colaborar.

2.3 A Gramática; conceito de língua e linguagem, de gramática, de ensino de língua

O gramático escreveu dois prefácios importantes: um na primeira, outro na segunda edição. Já nos referimos ao último. Voltemos, portanto, ao prefácio à primeira edição (p. 9-10), onde o autor afirma que a sua gramática foi escrita de acordo com a nomenclatura que foi organizada por uma comissão de filólogos e por iniciativa do Ministério da Educação e Cultura; ele desculpa-se por imperfeições que ainda possam existir e ressalta que a nova nomenclatura tem uma grande vantagem: simplificar e unificar os métodos até então adotados, além de traçar "rumos mais seguros e consentâneos com o progresso da ciência da linguagem". Ele enfatizou que assim acabaria a multiplicidade de processos e classificações individuais, unificando os critérios dos estudos da língua, e terminou afirmando que procurou corresponder à expectativa dos colegas que o honraram com a preferência depositada em seus compêndios e que oferecia o seu trabalho aos que o ajudaram, reafirmando a necessidade de receber ainda novas contribuições.

Chamou-nos a atenção o fato de que o autor começa com uma epígrafe de Machado de Assis, que mostra que *a gramática* é um "instrumento" a serviço da língua e do país:

> Uma boa gramática é um alto serviço a uma língua e a um país.
> Se essa língua é a nossa, e o País é este em que vivemos, o serviço cresce ainda e a empresa torna-se mais difícil. (Machado de Assis: *Crítica literária*, p. 21)

Torres demonstrava ufanismo ao repetir as palavras de Machado de Assis.

Lendo mais atentamente sua obra, verificamos que a gramática, além de servir como instrumento do uso de língua, constituiu-se como base para o estudo sistemático de uma língua, tendo por objetivos:
— expor os fatos do idioma;
— estudar a origem e a evolução da língua;
— estudar a língua, comparativamente com outras de seu grupo, observando as semelhanças e diferenças.

Língua e linguagem:

Não encontramos conceitos explícitos de *língua* e de *linguagem*.

Ensino de língua:

Notoriamente, inferimos que, através da fala de Machado de Assis, ele valorizava muito a *língua materna* e o país em que viveu. Depreendemos também que o *ensino de língua* deve ser feito, a partir dos estudos gramaticais. O prefácio da segunda edição mostrou que ele teve pressa em terminar sua obra, com o grande objetivo de difundir a NGB, pois acreditava que a Nomenclatura Gramatical Brasileira simplificaria o estudo dos fatos gramaticais, unificando os métodos que eram diferenciados pelos diferentes autores e que ela traçaria rumos mais seguros, colaborando para o progresso da ciência da linguagem. Para ele, a NGB propiciou a uniformização de estudo e simplificação para o ensino de língua, facilitando mesmo o trabalho dos professores.

Por ter sido convidado a escrever a gramática, para adequação e uso mais rápido da nova nomenclatura, era de se esperar que todos os que participaram da elaboração do documento fossem citados em sua obra, quer no agradecimento, quer em notas, em diferentes partes de sua gramática. Isso ele o faz, demonstrando seu respeito e suas preferências hierárquicas, ao usar referências de modos diferentes:

— nome antecedido pelo título de professor; O prof. A. NASCENTES (cf. p. 25);
— letras maiúsculas em todo o nome DARMESTETER / GONÇALVES VIANA (cf. p. 31);
— letra maiúscula somente no início do nome: Meillet (cf. p. 97).

Gramática:

Gramática (cf. p. 13) é o estudo sistemático dos elementos constitutivos de uma língua. Ela pode ser: expositiva ou normativa, histórica e comparativa.

A *expositiva ou normativa* expõe os fatos atuais de um idioma. Sua finalidade precípua é estabelecer normas para o bom uso da língua.

A *histórica* estuda a origem e a evolução de uma língua, e a *comparativa* estuda os fatos de um grupo de línguas congêneres, mostrando as semelhanças ou dessemelhanças existentes entre elas. Como exemplo, podemos citar a *Gramática das línguas românicas*, do alemão Frederico Diez, ou a do romanista suíço Meyer-Lübke.

Divisão da gramática (p. 13)

Divide-se a Gramática em três partes: Fonética, Morfologia e Sintaxe.

Introdução (p. 14)

Há vários tipos de análise na gramática:
   A *fonética* é a que trata dos fonemas;
   A *morfológica* é a que trata das palavras, e compreende: a) estrutura e formação das palavras; b) as classes das palavras, as flexões, o número, as sílabas e a acentuação;
   A *sintática* é a que trata da decomposição do período em orações e das orações em seus elementos: sujeito, predicado, objeto, etc.

Visão do conteúdo de sua gramática:

Transcrevemos o seu índice geral (p. 7-16), pois ele mostra bem o que foi a primeira gramática pós-NGB:

Prefácio da 2ª edição
Prefácio à 1ª edição
Gramática: definição, divisão
Análise: divisão
1ª Parte — Fonética (p. 17-42)
Fonética: definição, divisão
Fonemas
Vogais
Consoantes
Ditongo
Tritongo
Hiato
Encontros consonantais
Sílabas
Tonicidade
Rizotônico e arrizotônico
Prosódia, ortoepia

Aparelho fonador
Modelos de análise fonética
2ª Parte — Morfologia (p. 43-146)
Morfologia
Classificação, flexões
Estrutura das palavras
Formação das palavras
Substantivo
Artigo
Adjetivo
Numeral
Pronome
Verbo
Advérbio
Preposição
Conjunção
Interjeição
3ª Parte — Sintaxe (p. 147-194)
Sintaxe de concordância
Sintaxe de regência
Sintaxe de colocação
Colocação de pronomes
Noções de análise sintática (p. 195-219)
Oração
Sujeito
Predicado
Termos integrantes da oração
Objeto direto
Objeto indireto
Agente da passiva
Termos acessórios da oração
Adjunto adnominal
Adjunto adverbial
Aposto
Vocativo
Período: definição, divisão
Funções do pronome "se"
Modelos de análise sintática

Apêndice-Estilística (p. 223-276)
Figuras de sintaxe
Vícios de linguagem
Ortografia
Pontuação
Crase
Emprego do verbo "haver"
Emprego do infinitivo
Noções de versificação
Moderna Nomenclatura Gramatical
Portaria ministerial

Das páginas 277 a 305, o autor publica integralmente a NGB, tal como foi promulgada.

Citação de autores no corpo da gramática:
As citações mostram claramente quais eram os grandes estudiosos de cada subárea da gramática:

I — *Fonética*: (ocupa cerca de 3 páginas): ele indicou somente as divisões e subdivisões da fonética, sem se preocupar com conceituação e citando grandes foneticistas: A. Nascentes; Carolina Michaelis; Darmesteter; F. da Sá; Gonçalves Viana; Ismael Lima Coutinho; M. Grammont; Mattoso Câmara Júnior; Pierre Fouché; R. Sá Nogueira; Rousselot (abade); Prof. Sousa da Silveira.

II — *Morfologia*: não se mostrou muito diferente da primeira parte, apresentando a nomenclatura, divisões e subdivisões, ocupando quatro folhas e citando grandes nomes: A. Sechehaye; Antenor Nascentes; Carlos Pereira; Carreter; Epifânio Dias; Gonçalves Viana; João Ribeiro; José Oiticica; Júlio Nogueira (prof.); Mattoso Câmara (prof.); Marouzeau; Meillet; Meyer-Lübke; Nyrop; Rocha Lima; Said Ali; Xavier Fernandes.

III — *Sintaxe*: não ocupou mais do que duas folhas e forneceu o essencial que também lemos na NGB. Não deixou, porém, de citar vários estudiosos: A. Bello — *Notas a la gramática de la lengua castellana*; A.Chediak; Afonso Costa; Amado Alonso e Henríquez Urena — *Gramática castellana*; Cândido de Figueiredo; Carlos Pereira; Gladstone Chaves de Melo; João

Ribeiro; José Oiticica; Júlio Moreira; Mário Barreto; Pe. Pedro Adrião; Sá Nunes; (prof.) Said Ali.

Apêndice — privilegiou:
— Figuras de Sintaxe: anacoluto, elipse, pleonasmo e silepse;
— Gramática Histórica (cerca de 34 fatos históricos);
— Ortografia;
— Pontuação.

São 12 folhas, com poucas notas e nenhuma definição ou exemplo. Citou outros professores e estudiosos: Gonçalves Viana; João Ribeiro; Júlio Nogueira e Mário Barreto.

3. Delineando a adequação

3.1 As influências sofridas por Artur de Almeida Torres

Estudando a contextualização e a própria obra de Torres, notamos que a maior influência recebida pelo autor foram os estudos filológicos e gramaticais a que ele se dedicou, os eminentes mestres e colegas que gozavam de grande prestígio e finalmente a crença de que a língua deve ser uma só, simplificada e com métodos próprios. Para ele, a NGB foi o grande instrumento que colaborou com o ensino e com o "progresso da ciência da linguagem".

Ele foi co-participante da NGB, ao examiná-la para dar sugestões e analisá-la. Mais ainda, a ele é que foi confiada a missão de tornar pública e viável a implementação da nova lei, relativa ao ensino de língua materna.

Outro grupo que o influenciou e com o qual interagiu foi o da Academia Brasileira de Filologia, à qual ele pertenceu. Talvez tenham influenciado sua adesão total à obra as grandes discussões sobre o ensino de língua que antecederam à promulgação do anteprojeto.

3.2 A NGB – Nomenclatura Gramatical Brasileira

A proposta da NGB foi a uniformização e a simplificação da Nomenclatura Gramatical Brasileira, para todas as gramáticas e livros didáticos da língua materna, professores e alunos, bem como para padronizar as questões feitas pelos concursos que exigiam conhecimentos da língua portuguesa.

Ela deveria ter uma terminologia adequada e uniforme, para que o ensino da língua fosse eficaz. A NGB conseguiu atender aos aspectos fixados nas normas para a elaboração da mesma: a) a exatidão científica do termo; b) a sua vulgarização internacional; c) a sua tradição na vida escolar brasileira.

Ela foi aprovada pelo então ministro Clóvis Salgado e foi elaborada por uma comissão designada pelo Ministério da Educação e Cultura para redigir o anteprojeto de Nomenclatura Gramatical:
— Prof. Antenor Nascentes
— Prof. Clóvis do Rêgo Monteiro
— Prof. Cândido Jucá (Filho)
— Prof. Carlos Henrique da Rocha Lima
— Prof. Celso Ferreira da Cunha
Assessores:
— Prof. Antônio José Chediak
— Prof. Serafim da Silva Neto
— Prof. Sílvio Edmundo Elia

O professor Artur de Almeida Torres fez parte de uma comissão designada pela Academia Brasileira de Filologia para examinar esse anteprojeto e apresentar sugestões juntamente com:
— Prof. Ismael Coutinho
— Prof. Sílvio Elia

3.3 Estabelecimento da NGB

A NGB foi estabelecida pela *Portaria nº 36 de 28 de janeiro de 1959*.

O Ministro de Estado da Educação e Cultura Clóvis Salgado, tendo em vista as razões que determinaram a expedição da Portaria nº 152, de 24 de abril de 1957, e considerando que o trabalho proposto pela Comissão resultou de minucioso exame das contribuições apresentadas por filólogos e linguistas de todo o país, ao Anteprojeto de Simplificação e Unificação da Nomenclatura Gramatical Brasileira, resolve:

Art 1º. — Recomendar a adoção da Nomenclatura Gramatical Brasileira, que segue anexa à presente Portaria, no ensino programático da Língua Portuguesa e nas atividades que visem à verificação do aprendizado, nos estabelecimentos de ensino.

Art. 2º. — Aconselhar que entre em vigor:

a) para o ensino programático e atividades dele decorrentes, a partir do início do primeiro período do ano letivo de 1959;

b) para os exames de admissão, de adaptação, habilitação, seleção e do art. 91, a partir dos que se realizarem em época para o período letivo de 1960.

3.4 A influência deixada por Artur de Almeida Torres

A maior influência de Torres para a divulgação da NGB e de sua implementação nas escolas foi sua aceitação em colocar aquilo que era "um esqueleto" em uma obra chamada de gramática, abrangendo todos os tópicos estudados até então. Ele ampliou a esquematização da NGB, com exemplos para os fatos gramaticais e com algumas notas, ao final de alguns capítulos, com o objetivo de deixar mais claro para o leitor aquilo a que a NGB se propôs.

O filólogo complementou com algumas definições — tudo aquilo que ele achava que deveria se tornar mais claro, como, por exemplo, a definição de "radical" (p. 46). Dá outros argumentos de autoridade, ao colocar no rodapé anotações como — "*Carreter: diccionario de términos filológicos*" (cf. p. 48).

Seus exemplos, em sua grande maioria, foram retirados de obras de clássicos portugueses e brasileiros: Alexandre Herculano, Machado de Assis, Camilo Castelo Branco, Frei Luís de Sousa, José de Alencar, entre outros.

Ele foi além disso: para não deixar dúvidas de que tinha sido fiel, transcreveu a NGB, *ipsis litteris*, em sua *Moderna gramática expositiva da língua portuguesa*. Sua anuência ao tipo de gramática que deveria ser ensinada está bem explícita no seu livro. Podemos ir mais longe ainda: ele quis mostrar a todos que agora estávamos frente a uma gramática moderna, fiel ao seu tempo, que eliminava as inovações que estavam sendo introduzidas na nomenclatura gramatical por outros autores da época.

Ele se portou como guardião da concórdia, pois, ao torná-la pública, admitiu em seu prefácio da segunda edição que "mesmo os próprios autores da reforma não se achavam em perfeita harmonia". Acreditou ele, talvez, ingenuamente, que tal publicação afastaria as discussões sobre a língua ou alguma referência que pudesse desabonar as normas rígidas propostas por lei.

Sua crença deve ter sido a de que a simples publicação de uma obra pudesse "conceituar os fatos gramaticais com maior segurança e coerência". Para isso, no prefácio à primeira edição, ele usa do argumento de autoridade, ao declarar que a obra foi organizada por uma comissão de filólogos e por iniciativa do Ministério da Educação e Cultura.

Nesse prefácio, ainda, ele argumentou que a obra tinha a grande vantagem de simplificar e unificar os métodos adotados pelos professores, além de traçar rumos seguros que estivessem de acordo com o progresso da ciência da linguagem.

Outro fato que nos chamou a atenção foi ele colocar uma epígrafe, retirada da gramática de João Ribeiro, antes de iniciar o capítulo sobre Noções de Análise Sintática (talvez um dos fatos gramaticais mais difíceis para o aluno de hoje):

> Conhecidos os termos essenciais da oração, todo estudo ulterior e pormenorizado de divisões, subdivisões e classificações, nada ou quase nada aproveita a quem quer estudar a língua vernácula. (João Ribeiro; *Gramática portuguesa*, p. 356)

Analisando cartilhas publicadas na época, e também livros infantis que eram adotados em escolas, percebemos que deveriam colocar a chancela da NGB, como observamos no livro *Pedrinho* de Lourenço Filho: "De acordo com a nomenclatura gramatical brasileira."

Todo esse esforço, porém, parece que não produziu os efeitos desejados, segundo Bruno Basseto, que, após explanar sobre "Filologia e Filosofia na Nomenclatura Gramatical", e mostrar muitas divergências sobre a adoção na íntegra da NGB, diz:

> contudo, em que pesem essas divergências de pouca monta, nossa nomenclatura gramatical é, ainda hoje, fundamentalmente a mesma. Infelizmente, porém, os 2.200 anos de história acumularam desvios, acréscimos e descaminhos, que lhe tiraram a transparência. Freqüentemente é difícil perceber a relação significante-significado dos termos, uma vez que foram mal entendidos

ou mal aplicados. Por isso, urge buscar a transparência perdida, caso se queira proceder a uma reforma, recuperando a etimologia dos termos para se poder aplicá-los convenientemente. Urge torná-los claros para a compreensão e assimilação dos milhões de estudantes de todos os níveis, muitos e muitos dos quais não conseguem analisar sintaticamente um período por não dominarem a denominação das partes componentes.

O autor terminou seus comentários, afirmando que é preciso um reexame aprofundado da nomenclatura gramatical, assumindo o conhecimento acumulado da humanidade e propondo uma "nomenclatura gramatical uniforme, transparente, coerente e de fato científica".

Conclusões

Ao fazer o estudo da gramática de Torres, implicitamente estamos fazendo um estudo da Língua Portuguesa e de algumas implicações acerca da época de seu aparecimento, em que havia os que eram partidários da separação das línguas portuguesa e brasileira.

Chegamos à conclusão de que o principal objetivo da NGB foi alcançado e seguido por muitos anos. O ensino de Língua Portuguesa manteve-se preso à tradição gramatical. Ela foi aceita, entrou em uso e uniformizou a terminologia gramatical. Até hoje, as gramáticas expositivas seguem o padrão imposto pela NGB, ainda que produzam notas de discordância, com a solução proposta pela "nomenclatura" promulgada. As gramáticas, chamadas pedagógicas, para uso mais direto do alunado pouco têm inovado, mas procuram amenizar um estudo homogêneo com figuras, cores e "tirinhas" de jornal ou textos jornalísticos. Elas acrescentam pouco, porém, para um alunado tão heterogêneo em seu conhecimento prévio de mundo e até mesmo de gêneros textuais e suas estruturas, elas se tornam mais "palatáveis".

Outra dificuldade acresceu-se a isso — houve uma explosão de escolas estaduais e os alunos possuíam conhecimentos prévios bem diferenciados. No final da década de 1960 e início da década de 1970, as escolas municipais que só admitiam alunos até a 4ª série do curso Fundamental passam a aceitar, paulatinamente, os alunos de 5ª a 8ª séries. Muitas dessas escolas, em bairros periféricos e mesmo de bairros mais centrais, abrigam alunos de classes menos favorecidas ou migrantes de outras cidades onde não havia escolas. Os pais eram analfabetos e os jovens não tinham o mesmo conhecimento prévio e cultural dos colegas que freqüentavam as mesmas escolas, prejudicando a aquisição mais rápida do conhecimento proposto — a variante culta e suas regras.

Como a escola deixou de lado o seu primeiro objetivo de auxiliar a expansão industrial, ela se voltou para a expectativa de ser ao mesmo tempo um lugar que informa e forma para a vida.

Os autores de livros didáticos reformularam seus livros, seguindo as novas regras propostas. Teria sido por acomodação ou por crença na nova proposta, acreditando que ela produziria uma conquista significativa no ensino?

O panorama estudantil modificou-se também. Os alunos das classes mais abastadas tinham o privilégio de escolher entre as melhores escolas públicas e escolas particulares. A classe média, em geral, privilegiou a escola estadual, chegando a desvalorizar boas escolas municipais, porque elas abrigavam grupos mais heterogêneos. Aos poucos, a escola pública em geral perdeu seu caráter elitista, nela predominando alunos de camadas menos abastadas.

Com essa modificação no perfil do aluno, os professores se sentiram desorientados, pois enfrentavam mais uma variante — a variação dialetal de seus alunos; e eles não tinham aprendido, nos cursos de formação docente, a trabalhar essa questão. Outro fato também pesou nas dificuldades dos professores: a abertura de muitas faculdades com professores inexperientes e a criação da Licenciatura Curta, que, em um ano e meio, permitia que o professor assumisse aulas no chamado Fundamental II, isto é, classes de 5ª a 8ª séries.

Estudantes das classes alta e média, que tinham orgulho de serem professores, que só queriam estudar um pouco mais ou obter *status* social, optam por novas carreiras que surgiram ou por outras que permitiriam ter melhores salários e prestígio. Por sua vez, excelentes professores de escolas públicas são convidados a ministrar aulas em escolas particulares, consideradas de alto nível, com um salário mais elevado. Também houve mudança de perfil do professor, que já não mais escolhiam as melhores faculdades, mas sim aquelas que cobravam menos e que lhes davam o diploma mais rapidamente. Logo a qualidade de ensino também mudou. Os professores se sentem "perdidos" na escolha dos conteúdos curriculares.

Os governos constatam o fato e várias medidas são tomadas em diferentes instâncias. Inicialmente, começam a dar treinamentos em serviço para os professores, especialmente na área de Língua Portuguesa. A Secretaria de Educação do Município de São Paulo, na gestão da prefeita, também educadora e professora da PUC/SP, Guiomar Namo de Melo, iniciou uma mudança radical em seus projetos pedagógicos em todas as áreas, assessorados por professores da UNICAMP, da USP e da PUC/SP. Infelizmente, o projeto só conseguiu ser completado no término do seu mandato. Lamentavelmente, o prefeito que a sucedeu — Jânio Quadros — confisca todos os documentos de todas as áreas e os julga em Diário Oficial, declarando que eles eram "nefandos e delituosos".

Nem tudo, porém, foi perdido, pois o plano de reformulação dos conteúdos disciplinares foi passado para todas as escolas municipais, em reuniões de coordenadores pedagógicos e de professores das diferentes áreas, para que eles tivessem mais subsídios, enquanto se esperava o término dos estudos. A semente germinou, o que não significa que a árvore tenha sido frondosa.

O governo estadual também teve uma proposta similar à do governo municipal e, com assessoria também de renomados professores, produziu material que abriria caminho para uma mudança de ensino.

O governo federal criou um órgão para analisar os livros didáticos, com o propósito de reformulação para conteúdos mais adequados. Tal órgão ainda existe e teve sucesso, obrigando a revisões e reformulações dos autores. A equipe que analisou as obras, e que ainda continua, foi formada por professores universitários de todas as áreas.

Outro grande passo do governo federal foi dado, na gestão de Fernando Henrique Cardoso, por meio do Secretário de Estado de Educação — Paulo Renato Souza —, ao publicar os PCN (Parâmetros Curriculares Nacionais), que abrangeram a explicação do processo de ensino-aprendizagem e diferentes temas em várias áreas: Língua Portuguesa, Matemática, Ciências Naturais, História e Geografia, Arte, Educação Física, Apresentação dos Temas Transversais e Ética, Meio Ambiente e Saúde e Pluralidade Cultural e Orientação Sexual.

As orientações para o ensino médio não foram publicadas, mas encontram-se à disposição em site específico e em todas as escolas que tenham o Curso Médio.

Na quase totalidade de escolas, tanto professores quanto os livros seguem a proposta da gramática indicada pela NGB. O ensino tem sido mais favorável àqueles que já dominam a variante-padrão, ainda marcada pela gramática normativa. Muitos livros escolares sofreram influências das ciências lingüísticas e projetam novos rumos para o ensino da língua. Caminhando a passos largos, surgem discussões: "devemos ensinar ou não a gramática?"; "que gramática ensinar?"; "como ensinar gramática?"; "por que ensinar a gramática?" estão presentes em congressos, palestras, simpósios, seminários e até mesmo em título de livros.

O mito do estudo da gramática, por ela mesma, e do ensino do "bem falar", do "bem escrever", do "certo" e do "errado" continua ainda presente em muitas salas de aula, em alguns concursos públicos, em jornais de grande divulgação e até mesmo na mídia radiofônica ou televisiva.

O problema do ensino de língua materna continua, pois o ensino tem sido diverso, dependendo dos projetos pedagógicos escolares e dos professores: alguns enfatizam a comunicação; outros, os estudos gramaticais; poucos valorizam a produção textual, mesmo porque ela demanda mais tempo de trabalho dos professores. Outros ainda só estudam um gênero textual — o jornalístico, por achar que ele torna o aluno mais conhecedor dos fatos nacionais e internacionais. Com isso, o corpo discente só domina uma das várias facetas da escritura em língua portuguesa.

Um sopro de esperança, porém, alimenta tais fatos relatados como favoráveis ao ensino do Português. Vários lingüistas propõem que se faça a transposição didática de disciplinas literárias e lingüísticas para o ensino. Outros propõem a opção por uma gramática que seja reflexiva e que permita fazer uma análise lingüística do texto de modo crítico e criativo, levando à descoberta das riquezas que envolvem as diferentes formas de expressão.

Referências bibliográficas

AZEREDO, José Carlos de. *Fundamentos de gramática do português*. Rio de Janeiro: Zahar, 2000.
BASSETO, Bruno Fregni. "Filologia e filosofia na nomenclatura gramatical". In: http://www.filologia.org.br/revista/artigo/10(30)06.htm
"Brésil — Politique Linguistique à l'égard du portugais". In: http://www.tlfq.ulaval.ca/axl/amsudant/bresil-2pol-portugais.htm
CAVALCANTE, Margarida Jardim. *CEFAM: Uma alternativa pedagógica para a formação do professor*. São Paulo: Cortez, 1994.

CLARE, Nícia de Andrade Verdini. "50 Anos de ensino de Língua Portuguesa (1950-2000)". In: http://www.filologia.org.br/vicnl/anais/caderno06-05.html.

GHIRALDELLI Jr., Paulo. *História da educação brasileira*. São Paulo: Cortez, 2006.

LOURENÇO FILHO, Manuel Bergström. *Pedrinho*. 10ª ed.. São Paulo: Edições Melhoramentos, 1960.

MARCUSCHI, Luiz Antônio. "A língua falada e o ensino de Português". In: BASTOS, Neusa Barbosa (org.). *Língua portuguesa; história, perspectivas, ensino*. São Paulo: EDUC, 1998, p. 101-121.

PARÂMETROS CURRICULARES NACIONAIS/ Secretaria de Educação Fundamental. 2ª ed. Rio de Janeiro: DP&A, 2000.

RIBEIRO, Maria Luísa Santos. *História da educação brasileira — a organização escolar*. 3ª ed. São Paulo: Editora Moraes, 1984.

TORRES, Artur de Almeida. *Moderna gramática expositiva da língua portuguesa*. 3ª ed. revista e ampliada. Rio de Janeiro: Fundo de Cultura (exemplar nº. 0905, julho de 1959).

CAPÍTULO 3

O gramático Gladstone Chaves de Melo: Um homem plural

Neusa Barbosa Bastos (IP-PUC/SP – NEL-UPM)
Regina Helena Pires de Brito (IP-PUC/SP – NEL-UPM)
Sandra Alves da Silva (IP-PUC/SP)

Iniciando

O capítulo que se inicia objetiva refletir sobre como se dão no Brasil os movimentos sociais, educacionais e lingüísticos no tocante à produção de gramáticas da Língua Portuguesa, nascidas num clima de euforia política nas décadas de 60 e 70 do século XX, enfocando, ainda, as implicações culturais referentes às políticas lingüísticas adotadas nos diversos momentos.

Centrado nos procedimentos metodológicos da Historiografia Lingüística para o estudo do desenvolvimento de obra gramatical voltada para o ensino de Língua Portuguesa no século XX, o presente capítulo divide-se em três partes: 1. *Traçando a contextualização*; 2. *Estudando a imanência*; e 3. *Procedendo à adequação*. No item 1, *Traçando a contextualização*, faz-se um esboço contextualizador de duas épocas específicas da história brasileira: primeiramente para esclarecer as mudanças ocorridas entre 1930 e 1945, em que vigora a ditadura do Presidente Getúlio Vargas e, em segundo lugar, uma outra ditadura, compreendendo o período de 1964-1988, em que se instaura a ditadura militar, quando surge a obra do gramático em tela: Gladstone Chaves de Melo. Prossegue-se com a apresentação do homem Gladstone Chaves de Melo em sua trajetória pública, como político influente, em prol da escola pública e, por fim, seu percurso como lingüista e gramático, defensor da Língua Portuguesa e de seu ensino com qualidade na sociedade brasileira de então.

No item 2, *Estudando a imanência*, apresenta-se a NGB — Nomenclatura Gramatical Brasileira —, desvendando aspectos de seu surgimento no contexto da segunda metade do século XX. Em seguida, focaliza-se a *Gramática fundamental da língua portuguesa*, centrando-se nos conceitos de língua e linguagem, de gramática, de ensino de língua, destacando nessa obra gramatical de Gladstone Chaves de Melo seus aspectos gerais, suas posições em defesa da Língua Portuguesa e sua convicção como gramático e como lingüista.

No item 3, *Procedendo à adequação*, apontam-se as influências deixadas por antecessores e recebidas por Gladstone Chaves de Melo, as quais o encaminharam em suas pesquisas e delinearam sua postura como lingüista e como gramático. Em seguida, examina-se a influência do estudioso em seus sucessores e, finalmente, traçam-se aproximações possíveis entre Gladstone Chaves de Melo e Celso Ferreira da Cunha, duas personalidades do século XX.

1. Traçando a contextualização

Partindo da situação geral, abordam-se as questões políticas delineadoras de um Brasil da primeira metade do século XX, quando Getúlio subiu ao poder em setembro de 1930, marcando sua trajetória como chefe de governo provisório, presidente eleito pelo voto direto e ditador pelo espaço de 15 anos. Até o suicídio, em 1954, teve um percurso de realizações incontestáveis e deixou-nos o nome como estadista de maior expressão na história política brasileira. Foi em seu governo que se promulgou a Lei nº 19.890/31, do Ministro Francisco Campos, precedida da carta de intenção do próprio Ministro ao Presidente da República, seguida do Decreto, das Portarias e dos Programas de Ensino, documentos que balizaram a educação naquele período.

Momentos de grande ebulição acompanharam a primeira metade do século XX, em que prevalece o padrão industrial, representativo do desdobramento das características introduzidas pela Revolução Científico-Tecnológica dos fins do século XIX. Nessa efervescência, entre as décadas de 1920 e 1930, surge a expressão *escola nova* com compromissos traçados pelos intelectuais liberais para institucionalização de um sistema escolar vazado de preceitos do trabalho produtivo e eficiente, da velocidade das transformações sociais e da interiorização de normas de comportamentos otimizados, o que visava à reestruturação dos mecanismos de controle das camadas populares no espaço urbano.

Em 1937, instala-se o Estado Novo, regime autoritário silenciador dos movimentos populares e dos comunistas, e que a classe dominante acata como golpe inevitável, no limite do benéfico. Em 1940, com o objetivo de manter o controle mencionado, o poder concedente apresenta conquistas para o trabalhador brasileiro, como o estabelecimento do salário mínimo, a instituição do dia 1º de maio — exortação ao povo brasileiro: "Trabalhadores do Brasil" — como feriado e a publicação da CLT (Consolidação das Leis do Trabalho) em Decreto-lei nº 5.452, de 1º de maio de 1943. É um Brasil marcado pela necessidade de firmar-se como nação.

Fazendo parte da mesma vontade, na mesma época, há movimentos brasileiros que visam à fixação da Língua Portuguesa como aquela que se distancia de Portugal, sem se diferenciar por completo, implementando características tropicais que definem um falar e um escrever distintos dos de Portugal. Podemos mencionar João Ribeiro, que afirma, num artigo publicado pela Academia Brasileira de Letras, que não há dialeto brasileiro, pois a língua é a portuguesa tanto para o Brasil quanto para Portugal, os dois grandes países de idioma comum; no entanto, percebe-se a existência de um matiz que pertencerá aos brasileiros para sempre, no modo de falar e de escrever. As tendências lingüísticas seguidas no momento em estudo baseiam-se em filólogos, gramáticos e estudiosos estrangeiros como Manuel de Paiva Boléo[1] e Charles Bally[2], estando o primeiro ligado à tradição filológica como especialista em lingüística portuguesa e românica e em dialetologia e história da língua, e o segundo à lingüística, mais especificamente à estilística moderna. Nosso autor manifesta tais influências, o que perscrutaremos adiante.

---

[1] Manuel de Paiva Boléo (Portugal, 1904-1992) exercendo atividades acadêmicas na Universidade de Coimbra, tendo tido contacto com lingüistas de outros centros na Europa, a saber: exerceu as funções de leitor de língua e literatura portuguesas na Universidade de Hamburgo; ministrou aulas, a convite, na Universidade de Barcelona em um curso intensivo de Filologia Portuguesa; teve contactos assíduos com José Leite de Vasconcelos e fez parte da Direcção do Centro de Estudos Filológicos; teve encontros com Karl Jaberg e Jacob Jud, na Suíça; foi convidado pelo Linguaphone Institute (Reino Unido) para preparar, em colaboração com Prof. Jacinto do Prado Coelho e Prof. Sousa Rebelo, uma nova edição do *Curso de Português*. No Brasil, esteve algumas vezes e manteve relações com o filólogo brasileiro Dr. Serafim da Silva Neto, a quem se ligou numa profunda amizade.

[2] Charles Bally (Genebra, 1865-1947) foi lingüista, discípulo de Saussure e fundador da estilística moderna, tendo como principais obras que influenciaram a lingüística brasileira: *Tratado de estilística francesa* (1909) e *Lingüística general y lingüística francesa* (1932).

Há necessidade de afirmarmos que, pelos traçados de Getúlio, arquiteto do Estado Novo, autoritário e modernizador, haveria um longo caminho, mas seu tempo de duração foi curto, chegando a oito anos. Um dos participantes no movimento contra a ditadura de Getúlio Vargas em 1945 foi Gladstone, que, por sua atuação, em 1950, foi eleito vereador pela União Democrática Nacional (UDN). Mais tarde, em 1951, Getúlio tomou posse como Presidente da República e fez um governo na linha nacionalista, permeado de inseguranças e indignações, levando ao total desequilíbrio que culminou com o suicídio. Novo momento surgiu, novas instabilidades, novos movimentos que também acompanharemos.

As considerações antecedentes mereceram nossa atenção por desejarmos apresentar os movimentos brasileiros que caminhavam na direção de um nacionalismo em todas os setores da sociedade. Essas preocupações guiarão nosso objetivo seguinte: esclarecer um outro momento de ditadura para enfoque do período de 1964-1988, em que se instaurou a ditadura militar, época em que surgiu a obra do gramático em foco.

Esse período, que engloba os anos de Ditadura Militar até o momento histórico comumente denominado "Diretas Já", tem em seu bojo duas leis educacionais: a primeira LDB, de nº 4.024/61, e a segunda, de nº 5.692/71, e pode ser considerado um período de rápidas e inúmeras transformações de todas as naturezas. Segundo Faccina (2002), em relação à doutrina político-ideológica estabelecedora de uma política lingüística de descentralização do ensino secundário, surge um novo paradigma da instituição escola em que se estabelece uma política de manutenção e de preservação da cultura brasileira, respeitando-se as individualidades regionais, a liberdade e a democracia no ensino, calcadas em ideais democráticos de parceria entre a instituição escola, o aluno e seu meio. Nesse momento político-ideológico, evidenciou-se o ensino de língua materna como um instrumento de dominação e de opressão; de ascensão social e de comunicação e expressão.

É perceptível, na LDB nº 4.024/61, uma Educação vista como obrigatória, e não somente uma aspiração de melhoria do bem-estar do brasileiro. Pretendia-se que, por meio dela, todos pudessem tornar-se "bons cidadãos", exercendo seus direitos políticos e de cidadania. Em 1962, o Plano Nacional de Educação, baseado na LDB nº 4.024/61, obrigava o governo a investir em educação 12% dos recursos dos impostos arrecadados pela União, o que beneficiava, principalmente, a classe trabalhadora. No entanto, menos de um mês após o golpe de Estado de 64, o PNE foi extinto, com o objetivo de romper com tudo o que significasse concessão ao povo em geral e à classe trabalhadora em particular.

Durante a vigência da Lei 5.692/71, houve um crescimento espontâneo da educação de forma desordenada, o que reduziu a ação coordenadora do poder público federal e estadual, havendo uma extraordinária expansão quantitativa em detrimento da qualitativa, transformando a escola pública num caos quase absoluto. Os planos de ensino permaneceram focados no conteúdo programático de cada ano e nada mais. Os de Língua Portuguesa, num enfoque inter e multidisciplinar, diluem o caráter de ensino de língua materna propriamente dita, voltando-se para a comunicação centrada na ideologia dominante do governo militar.

Em fins do período, décadas de 1970 e 1980, juntam-se três fenômenos fundamentais, segundo Sevcenko: a ascensão da cultura da imagem e do consumo, a desregulação dos mercados e a retração do Estado, com a progressiva desmontagem de seus mecanismos de distribuição e apoio social promovidos pela era Reagan (1981-89) e Tatcher (1979-90), e, por trás disso tudo, como seu elemento propulsor, a Revolução Microeletrônica e Digital. Tais constatações confirmam as assertivas acima (diluição do caráter de ensino de língua materna voltado para a comunicação centrada na ideologia dominante do governo militar e a ascensão da cultura da imagem e do consumo com a progressiva desmontagem de seus mecanismos de distribuição e apoio social), corroborando para mencionarmos que, na época em questão, no Brasil, os estudos de Lingüística, em geral, e de Língua Portuguesa, em particular, permanecem voltados para a gramática descritivo-normativa, a filologia, o comparativismo, o estruturalismo saussureano, em que, não havendo a preocupação com a subjetividade na linguagem, anulava-se a possibilidade de variação de efeitos de sentido nas leituras de textos e de mundo. O dito pela Ditadura era a verdade incontestável.

No período abordado, interessa-nos, em especial, o filólogo e gramático Gladstone Chaves de Melo, nascido em Campanha (MG), em 12 de junho de 1917 e falecido, aos 84 anos, em 07 de dezembro de 2001. Segundo Clemente (s/d), foi incentivado aos estudos de língua por um jovem estudante jesuíta vindo da França para o noviciado de Campanha, Augusto Magne, estudioso de línguas e filólogo de latim e de português. No Rio, onde concluiu o curso de Direito, Gladstone reencontrou o Pe. Augusto Magne, que o indicou para ser catedrático de Filologia Românica, acabando por se tornar assistente da cadeira de Língua Portuguesa, onde era catedrático Sousa da Silveira. O jovem bacharel sentiu a satisfação de seguir sua vocação para o magistério.

Além do magistério, foi colaborador de importantes jornais e revistas no Rio de Janeiro e em outros locais: *Correio da Noite, FNF, Diário de No-*

tícias, *O Jornal, Jornal do Brasil, Correio da Manhã, A Ordem, Tribuna da Imprensa, Carta Mensal, Permanência, O Mundo Português, Confluência, Vozes* (Petrópolis), *O Estado de São Paulo, Diário de Notícias* (Lisboa), e foi escritor com produção bibliográfica extensa e relevante: *Formulário ortográfico* (1938); *A linguagem dos livros brasileiros de literatura infantil* (1941); *A língua do Brasil* (1946); *Dicionários portugueses* (1947); *Edição crítica de* Iracema; *A Língua Portuguesa* (1948); *Iniciação à Filologia portuguesa* (1951), em colaboração com Serafim da Silva Neto (1952); *Novo manual à análise sintática* (1954), *Gramática fundamental da Língua Portuguesa* (1967), *Ensaios de estilística da Língua Portuguesa* (1976).

Gladstone, um homem plural: professor, escritor, jornalista, diplomata, político, lingüista e filólogo, começou na vida política como vereador (1951 a 1960), passou a deputado em 1962 e, posteriormente, retornou às salas de aula na Faculdade Nacional de Filosofia, na cadeira de Língua Portuguesa, período em que também foi Adido Cultural do Brasil em Lisboa; participante ativo dos trabalhos e decisões do Concílio Vaticano II de 1962 a 1965, Embaixador em Missão Especial à Clausura do Concílio, foi agraciado com medalha de prata do Papa, em Roma; foi conselheiro do Conselho Federal de Educação e do Conselho Federal de Cultura.

Como professor, lecionou no Ensino Médio e no Superior: na UFF, na PUC/RJ, na Faculdade Nacional de Filosofia e na UFRJ. Em 1990, em atividades de ensino e pesquisa, passou a integrar a diretoria do Instituto de Língua Portuguesa do Liceu Literário Português com os colegas e amigos Sílvio Elia, Maximiano de Carvalho e Silva, Evanildo Bechara, Nilza Campelo e Antonio Basílio Gomes Rodrigues. Ao enviuvar, extremamente abalado, foi levado por Evanildo Bechara a freqüentar as sessões da Academia Brasileira Filologia de Amarante de Azevedo Filho.

Durante todo o seu percurso de pluralidade, recebeu incentivos de mestres como o Pe. Augusto Magne S.J. e Souza da Silveira. Enveredando pelo estudo da Estilística, publicou vários livros, entre eles *Edição crítica de Iracema*, com introdução, notas e apêndice (tendo recorrido a seus conhecimentos de Ecdótica e de Estilística[3], segundo Clemente (s/d), um método

---

[3] Nos aspectos da Estilística, Gladstone Chaves de Melo apóia-se em Pierre Guiraud, que segundo ele, pôs ordem na laboriosa e multifária bibliografia estilística, tendo ficado mais fácil a qualquer um escolher rota. Posteriormente, publica a obra Ensaio de estilística da Língua Portuguesa, que foi um excelente manual para aqueles que queriam enveredar pelos caminhos da crítica estilística.

revolucionário na crítica literária da época) e o romance *Senhora: perfil de mulher*. Nesse aspecto, Gladstone (1972:46) afirma:

> Esperamos fique deste ensaio ressaltado que Alencar escreveu em *língua portuguesa* com *estilo* brasileiro.
> Já ficou estabelecido que quase todos os erros e "brasileirismos" de que increpam o nosso autor incidem em fatos de colocação de pronomes, empregos de galicismos, regências e acepções consideradas espúrias em que outro verdadeiro deslize gramatical; já ficou assente, também, que várias dessas "incorreções" apontadas nos escritos do grande romântico são na verdade erros dos críticos, puristas caturras e estreitos, gramáticos *vieux style*, para quem a ciência da língua é conhecer e mostrar aos incautos "o que se não deve dizer". Chamamos, de modo muito particular, a atenção dos leitores para isto que *nenhum* dos verdadeiros deslizes do escritor é consagração literária de modismos da suposta língua brasileira: antes, qualquer dêles se poderá encontrar em autor *português* contemporâneo ou anterior, em que pêse aos entusiásticos e calorosos defensores do idioma brasileiro.

Outra obra que convém relembrar pelo seu valor é *Iniciação à Filologia e à Lingüística Portuguesa*, em que Gladstone (1981:04) reitera serem ambas ciências, tanto a Filologia quanto a Lingüística:

> Tornando à Lingüística e à Filologia, cabe dizer que elas são *ciências* perfeitamente caracterizadas, com seu objeto formal nitidamente estabelecido, com seus métodos próprios, seguros e apurados, com suas conclusões definitivas. O objeto da Lingüística é o estudo da linguagem articulada ou a aplicação de seu método e de suas conclusões a uma língua particular, a um dialeto ou a uma família de línguas, enquanto a Filologia se preocupa com a fixação do texto fidedigno, sua explicação e com comentários de vária natureza que lhe atribuirão o sentido.

Com esta afirmação, Gladstone delimita os campos de ação do filólogo e do lingüista, nos quais caminhou com grande desenvoltura, contribuindo com os estudos de Língua Portuguesa no Brasil e nos países lusófonos, principalmente no que diz respeito aos estudos da língua-padrão, que não costuma ser adotada pela maioria dos falantes, sendo, no entanto, necessária para que se preserve o idioma e para que seja utilizada nas circunstâncias em que for importante sua aplicação. Suas aspirações não tinham o eco pretendido, uma vez que, como mencionamos anteriormente, a qualidade vinha sendo deixada de lado em detrimento da quantidade, levando o ensino de Língua Portuguesa a se apresentar negativamente em passos acelerados, ligando menos ao conteúdo da disciplina e mais às questões de comunicação centrada na ideologia dominante do governo militar.

A existência de inúmeras variedades lingüísticas não invalida a importante permanência de mais uma entre elas: a norma padrão-culto que deve ser atingida por meio do ensino, objetivando ampliar o número de pessoas com acesso a essa língua-padrão e, conseqüentemente, com a elevação do nível cultural do povo, uma vez que o português é língua de cultura com vasto patrimônio a ser estudado. Assim, Gladstone Chaves de Melo (1981:95) explica:

> Em matéria social, histórica ou cultural — a língua é uma delas — a idéia de padrão envolve necessariamente a de "protótipo", "ideal" para que se caminha, sem necessariamente atingi-lo, mas que está presente ao espírito e ao afeto. Portanto, língua-padrão é a forma lingüística ideal; é a própria língua comum, a coiné, decantada, trabalhada, fixada e, como tal, isto é, como "padrão", aceita pela comunidade. Historicamente ela nasce de uma tendência alta, nobre, dos homens a viver vida social. Representa, no caso, a atitude aristocrática que todo ser humano tem, ao menos latente, e que se patenteia nos melhores momentos, nos de realização própria e especificamente humana.
> Do mesmo modo que os dialetos e falares se explicam pela força de gravidade, digamos assim, pelo relaxamento, pelo menor esforço, — a constituição da língua-padrão é resultado de atividade contrária, está no vértice do esforço ascencional (sic), esse que produz, por exemplo, as grandes elites (...)

Esses esclarecimentos, em que está implícita a questão do ensino da língua materna que deve estar voltado para a língua exemplar, apresentam um sujeito Gladstone Chaves de Melo, com suas facetas de homem público, perpassando pelo professor, filólogo, gramático e lingüista, pleno de suas responsabilidades de fazer ver a necessidade de se estudar e ensinar a variedade culta da língua materna com o objetivo de ampliação cultural, como podemos perceber no capítulo "Como se deve estudar a língua" (1981:206), constante do livro *Iniciação à Filologia e à Lingüística Portuguesa*:

> Tornou-se clássica na Lingüística moderna a distinção estabelecida por Victor Henry entre *língua transmitida* e *língua adquirida*.

Transmitida é a língua que recebemos do nosso meio social, a língua que houvemos por herança, de par com os usos e costumes, é o nosso dialeto ou variante local, com seu acento particular, seu sotaque, seus modismos, suas peculiaridades morfológicas, seus *giros* próprios, suas vozes regionais. *Adquirida* é a língua culta, que vamos aprender à escola por esforço consciente, é a língua literária (tomada pelo autor, em sentido lato e em sentido estrito, como sinônimo de "língua culta" e como designativa da "língua da literatura!", ordenada à produção do Belo, com os vários componentes ordenados à sua finalidade) com suas leis, suas normas, sua tradição, suas riquezas, suas finuras. Quando se tem gosto para apreciar ou vocação para plasmar o belo, continua-se a aprender este tipo de linguagem pela vida fora.

Língua transmitida e língua adquirida, língua popular ou familiar e língua culta são aspectos da mesma realidade idiomática, da mesma unidade lingüística; mas diverge uma da outra, no modo e no fim. Muitas vezes é bastante profunda a separação entre as duas modalidades, outras vezes é pequena. Nos campos e nas classes populares o afastamento é maior; nas camadas mais civilizadas dos centros urbanos, menor. Porém, nunca haverá superposição perfeita, porque a dicotomia repousa em condições *naturais* do intercâmbio social e em situações psicológicas vivas e permanentes.

A língua culta representa o ideal da comunidade, é o estalão da unidade idiomática, o ponto de encontro das variedades dialetais. Há, portanto, um fundo comum entre a fala popular e a fala culta. Há principalmente identidade de *gênio* lingüístico entre as duas maneiras — de *gênio*, esse imponderável, que é *forma* da língua, tomada a palavra em sentido ontológico.

O gênio de uma língua é o que nela existe de mais íntimo; de mais difícil de penetrar para um estranho e que o nacional possui instintivamente. Por exemplo: em muitos casos sutilíssima é a diferença de emprego entre *ser* e *estar*. Por mais cuidadosos que sejam os estrangeiros no estudo das duas tonalidades semânticas, sentem-se freqüentemente perplexos e não raro usam *ser* por *estar*. Comparemos duas frases: "ele *está* mais próximo da raça branca do que ela" e "ele *é* mais branco do que ela". Qualquer brasileiro ou português sente a diferença entre *ser* e *estar* nestes dois casos, diferença tenuíssima, imperceptível quase a um alienígena.

Apresentamos, ainda que sucintamente, o homem Gladstone Chaves de Melo — político atuante, defensor da escola pública, e lingüista e gramático reconhecido, defensor da Língua Portuguesa e de seu ensino com qualidade na sociedade brasileira.

2. Estudando a imanência

Passamos a apresentar a obra gramatical de Gladstone Chaves de Melo em seus aspectos gerais, suas posições em defesa da Língua Portuguesa e sua convicção como gramático e como lingüista. Analisamos a segunda edição da obra concorde com a NGB, voltada para o curso Ginasial, Colegial[4], vestibulares, concursos e estudiosos da língua. Ainda no início do capítulo, está apresentada a ligação do autor com a Faculdade de Filosofia da UFRJ, com o Instituto de Letras da UFF e com a Academia Brasileira de Filologia, instituições às quais se ligou, trabalhando para a comunidade brasileira, produzindo obras tornadas referência e influenciando pessoas seguidoras de seus passos e de seus ensinamentos.

Cumpre mencionar que Gladstone aponta para o agravamento da situação da nomenclatura gramatical por volta dos anos 1930, pois segundo ele:

> Cada gramático, cada professor de português tinha a *sua* nomenclatura, de modo que os alunos e os curiosos se viam em sérias dificuldades quando transitavam de um professor a outro. Além do nome diferente para o mesmo valor, a mesma função ou o mesmo fato, notava-se a preocupação de multiplicar as distinções puramente subjetivas, ou decorrentes de visão errônea do fenômeno lingüístico. (Melo, 1981:212)

Vinte anos depois, tais problemas puderam ser solucionados pelo trabalho de uma comissão de professores escolhidos para esse fim, unificar a nomenclatura gramatical brasileira: Antenor Nascentes, Clóvis Monteiro, Celso Cunha, Rocha Lima, Cândido Jucá e, posteriormente, os assessores Antônio José Chediak, Serafim da Silva Neto e Sílvio Elia. Assim, baixa-se a Portaria nº 36, de 28 de janeiro de 1959, na qual se recomendava a adoção e se aconselhava que entrasse em vigor a partir do ano letivo de 1960. Nessa época, segundo nosso autor, ele teria recebido inúmeros telefonemas aflitos de conhecidos ou desconhecidos que diziam tudo estar "diferente e aventando alguns que a causa seriam as explosões atômicas!". Sempre as mudanças causam sentimento de medo aos que delas fazem parte...

---

[4] Adequando-se aos dias atuais: o Ginasial equivale ao Ensino Fundamental (ciclo II); o Colegial equivale ao Ensino Médio.

Firma-se a NGB, não sem que houvesse problemas como os apontados por Gladstone: primeiramente, menciona-se a questão de não ter sido feita a mudança em sintonia com a que se processou em Portugal, tendo como relator Manuel de Paiva Boléo; em segundo lugar, menciona-se a assunção de posição doutrinária como no caso das orações reduzidas, que a NGB admitiu, ou do objeto indireto, que não serve para designar qualquer complemento preposicionado. Mas acrescenta, naquele momento, ter sido grande o esforço, bem-sucedido e meritório, enfatizando que se deve "pensar numa etapa superior e mais rendosa. E respeitar a justa liberdade intelectual dos professores e especialistas!".

Já por volta do final da década de 1970, Gladstone afirma que o objetivo de uma nova etapa não se concretizaria, mas surgia outro, muito mais "perturbador", uma vez que os avanços da Lingüística Geral sobre o simples estudo do Português estava desorientando os alunos que começavam a receber Pottier, Martinet, Bloomfield ou Chomsky. Comenta que desmontar a NGB para inculcar a terminologia das diversas correntes lingüísticas seria um contra-senso que restabeleceria a confusão nos alunos "mal dispostos e mal servidos". O seu combate, que ia na direção da *gramatiquice*, volta-se para a *lingüistiquice,* sempre na defesa do estudo e do aprendizado da língua culta que apoiado na nomenclatura "tradicional" poderia se efetivar. E acrescenta:

> Uma coisa são as indagações e teorias científicas, outra coisa são as conveniências didáticas, perfeitamente atendidas com uma nomenclatura "tradicional", unívoca, singela e coerente.
> Cada ciência, cada disciplina, cada técnica ou "arte", com os elementos que lhe são próprios. Do mesmo modo que os alunos de grau médio não precisam de saber Ecdótica, não devem ser perturbados com uma Lingüística Geral em crise. Tudo na sua hora e seu campo próprio de atuação. (Melo, 1981:215-216)

Após tais considerações de caráter absolutamente prático para a introdução à obra gramatical especificamente, anunciamos que, no Prefácio, aparece a mesma forma *modesta* de se posicionar dos gramáticos dos séculos XVI e XVII, chamando o seu compêndio de "livrinho", o qual deveria ter feito parte de uma coleção didática com o objetivo de melhorar o ensino de Língua Portuguesa que, segundo o autor, vinha sendo dissociado da educação ou mal sinonimizado em relação a ela. Nesse dito, temos a percepção de que deveria haver uma maior atenção ao ensino em nosso país, o que não ocorria desde há muito.

Não tendo sido levada a cabo a coleção didática mencionada, voltou-se o autor para sua parte da coleção: a Gramática, procurando apresentá-la de maneira simplificada, justificando os preceitos e normas com o exemplo de autores de prestígio, segundo ele (Melo 1970:3): "... principalmente brasileiros (para mostrar adjetivamente a unidade da língua)."

Observamos declarada a crise da gramática, por ter sido abusada e maltratada "... tanto inventaram regras, complicaram as definições, tanto a distanciaram da língua, que muitos, quase todos, fugiram espavoridos"; no entanto, afirma-nos Gladstone que sistematizar a "língua adquirida" é necessário para que se a conheça com segurança, tornando a gramática menos "árida".

Em seguida, aparece uma observação professoral comum de ser ouvida de tantos colegas que já tivemos no magistério:

> Nos nossos trinta anos de magistério temos tido inúmeras vêzes a alegria de ouvir alunos que "assim vale a pena estudar Português". É que temos sempre feito da Gramática serva da língua e jamais senhora dela. Estamos inteiramente com Marcel Cressot[5], quando diz que "o renascimento dos estudos do francês que todos esperamos exige um espírito novo e um método decidido". A meu ver a coisa se encerra numa fórmula: fazer discernir, segundo a capacidade de compreensão de cada idade, pela observação direta e a discussão dos fatos, a relação que existe entre um pensamento e sua expressão. (Melo, 1970:04)

O objetivo do gramático está de acordo com os demais de sua época: fixar-se nos alicerces e no arcabouço, para dar a estrutura da língua, sistematizando apenas os fatos da língua-padrão. Afirmou que "toda a doutrina deste material" inspirou-se na Lingüística e na Filologia modernas e que a NGB foi adotada por motivos didáticos. Criticou-a veementemente, ao declarar que não foi aceita:

> ... servilmente quando ela exorbita de seu louvável esforço de uniformizar a terminologia, e assume posição doutrinária. É o caso das orações reduzidas, que ela admite, da correlação, que ela rejeita, ou do objeto indireto, que ela confunde com qualquer complemento preposicionado. Aí temos de discordar e explicar em nota no corpo do livro. (Melo, 1970:05)

---

[5] Marcel Cressot — estudo pioneiro sobre Estilística, traduzido para o nosso idioma (1980), o qual remonta aos anos 1940, quando os assuntos de ordem estilística se achavam em plena efervescência.

Sua posição de retaguarda em relação à NGB assenta-se na segurança de suas convicções filológico-lingüístico-gramaticais de homem estudioso e bem relacionado em seus fóruns de ação. Meios políticos, governamentais e acadêmicos sustentavam suas posições frente ao seu público-alvo, como por exemplo os professores, aos quais dirige o Prefácio, solicitando "as luzes de suas críticas e as sugestões de sua experiência", o que também se coadunava, e ainda se coaduna, com a tradição gramatical greco-latina.

Por fim, acrescenta ao público-alvo aqueles que compunham uma categoria de pessoa privilegiada: os respeitáveis, ponderáveis, homens cultos e inteligentes que, em se apercebendo "de sua viciada formação lingüística", decidiam, por quererem, "corrigir a lacuna". E acresce que procurou não escrever uma gramática "seca, esquemática, irracional, só para a memória", que leva os leitores a desistirem. Escreveu uma gramática "para que vejam que *também* na gramática se pode aplicar com fruto a inteligência. E que, portanto, se pode estudá-la sem perder tempo".

Passando para a Introdução, focamos os conceitos já de alguma forma delineados: de língua, linguagem, gramática e ensino de língua. Iniciando-se pelo conceito de gramática, o autor discute o que é língua, como se pode abordá-la e como deve a escola comportar-se diante da questão do ensino.

A atitude presencial perpassa toda a Introdução ao se buscar caracterizar a gramática como sistematização dos fatos contemporâneos de uma língua, considerando ser qualquer língua composta de palavras que se constituem em sons e que se relacionam umas as outras. Assim, os elementos fundamentais da língua são: palavras, sons e relações, que devem estar sistematizados de acordo com um critério, num determinado tempo, numa determinada fase, num determinado instante dessa língua, daí advindo a contemporaneidade posta por Gladstone. Tal posicionamento revela a sua implicação com o estruturalismo saussureano, ao apresentar a possibilidade de se estudar a língua numa perspectiva sincrônica (contemporaneidade dos fatos): a gramática que se propõe a elaborar, ou a possibilidade de se estudar a língua estabelecendo de cada fato a história, a sucessão no tempo e os matizes, numa perspectiva diacrônica (história de cada fato ao longo do tempo).

Suas considerações acerca dos usos da língua são bastante pertinentes uma vez que afirma ter qualquer "língua viva" diversos aspectos e usos "determinados pelas circunstâncias concretas da comunicação lingüística" (Melo, 1970:11) e fixar-se, na elaboração da gramática, em um dos usos: o culto. Ainda sobre as variantes, divide-as em dois "grandes usos", o coloquial e o culto, e observa a variedade de situações que levam os indivíduos a agirem de forma diferente dependendo das circunstâncias: amigos conversando intimamente e despreocupadamente; gente do povo, da cidade ou dos campos; crianças com adultos ou entre si.

Sobre tais ditos, apresenta uma possibilidade de se elaborarem gramáticas sobre cada uma das formas de realização lingüística, como por exemplo, a *Gramática popular*: gramática da língua popular da zona rural do sul de Minas, ou da zona rural do Cariri, no Ceará, ou da campanha gaúcha. Queremos observar que essa ação foi realizada por Cília Coelho Pereira Leite, Madre Olívia, fundadora do IP-PUC/SP, na década de 1970, três anos após o surgimento da *Gramática* de Gladstone. Contudo, a iniciativa se frustrou por haver inúmeras variantes e não se conseguir a fixação em uma das normas sem que se percebesse a interferência de outras, inviabilizando o projeto da "Gramática do Zé".

Gladstone volta-se, então, para a "única gramática que interessa a todos", a da língua culta, língua-padrão, língua literária, língua comum, coiné[6] — que é a maneira refletida, padronizada, que se deve sistematizar, por ser um dos modos fundamentais de utilização da língua pelos povos civilizados, aquela que é a mais rica, a *norma lingüística ideal*, aceita por todos os membros de uma comunidade, num espectro amplo do circuito lingüístico. Assim conceitua a Gramática Portuguesa: "trata-se de descrição ordenada e sistemática dos fatos contemporâneos da língua portuguesa literária, da língua-padrão" (Melo, 1970:11).

Prossegue, explicitando que a gramática normativa:

> É a própria Gramática Descritiva, utilizada com intenção didática com a finalidade de corrigir os desvios da língua-padrão, das linguagens locais e das diversas formas de linguagem coloquial. Nas escolas ensina-se a gramática, não apenas descrevendo os fatos, mas também chamando a atenção para as distorções, as contaminações, os erros. Tôda vez, pois, que a Gramática Descritiva transforma

---

[6] Entendemos por Koiné: um dialeto grego falado no período helenístico, derivado do dialeto ático falado pelas classes cultas e aristocráticas, que se tornou na língua comum (koiné) para todo o império criado por Alexandre, o Grande, a partir de 336 a.C. Podem-se distinguir dois tipos de koiné: o literário, falado pelas classes politicamente dominantes, e o popular, falado por todas as outras classes sociais. O koiné literário mantém-se até o domínio do Império Romano, evoluindo para formas mais simples do que o velho dialeto ático, que era composto por estruturas gramaticais muito irregulares e por uma musicalidade forte que, entretanto, se perde. Na década de 1970, significava a língua oficial, literária, culta, padrão, comum.

uma das suas conclusões em preceito, em princípio diretivo, ela se coloca na posição de Gramática Normativa. Portanto, Gramática Normativa não é algo de diferente da Gramática Descritiva, é uma "atitude" da Gramática Descritiva, atitude didática com finalidade prática. (Melo, 1970:11)

Mais uma vez, neste dito, manifesta a sua tendência de gramático descritivo-normativo, pois menciona os erros, os desvios da norma-padrão, reforçando a não-necessidade de se descrever qualquer outro registro que não o culto, procedimento que não interessaria a ninguém. Aos homens de bem, aos civilizados, só seria importante aprender a língua de prestígio. Manifesta, ainda, suas posições em defesa da Língua Portuguesa, pois volta-se ao ensino, defendendo a sua necessidade e afirmando que no Brasil há menos distância entre as diversas linguagens coloquiais e locais e a língua-padrão do que nos países europeus: Portugal, Itália, França e Alemanha. Por fim, mencionemos que Gladstone evidencia suas convicções como lingüista, ao reconhecer que, em diferentes situações lingüísticas, produz-se um uso lingüístico peculiar.

Mostramos neste tópico a NGB — Nomenclatura Gramatical Brasileira, expondo aspectos de seu surgimento no contexto da segunda metade do século XX, sob o olhar de Gladstone e, em seguida, a *Gramática fundamental da Língua Portug*uesa, com foco nos conceitos de língua e linguagem, de gramática e de ensino de língua.

3. Procedendo à adequação

Retomamos, neste momento, as influências recebidas de antecessores por Gladstone Chaves de Melo, as quais o encaminharam em suas pesquisas e delinearam seu perfil como lingüista e como gramático.

Augusto Magne, grande medievalista a quem já nos referimos, influenciou a formação de Gladstone, juntamente com o filólogo Sousa da Silveira. Há que se citar, ainda, nomes como os de Joaquim Mattoso Câmara Júnior, Herculano de Carvalho, Paiva Boléo e Marcel Cressot, que, de alguma forma, estiveram presentes em sua obra.

Em relação à Lingüística, que, de acordo com Gladstone, é ciência especulativa e de natureza filosófica (por buscar o geral e supor uma explicação ontológica do homem, tendo método indutivo, de observação e experimentação), refere Ferdinand Saussure como o pai da Lingüística, chamando o

Cours de linguistique génèrale de livro-chave da nossa ciência. Acrescentem-se, ainda, lingüistas como Pottier, Martinet, Bloomfield ou Chomsky, que, tendo influenciado os brasileiros, passaram a ser referência para os professores de Língua Portuguesa. Nosso autor afirma que esses professores, ligados ao modismo da época, começavam a receber a terminologia das diversas correntes lingüísticas (na maior parte dos casos, adotando-a sem uma compreensão de seus fundamentos) e a desmontar a NGB, desorientando os alunos da escola de 1º e 2º graus.

Ao lingüista e indo-europeísta francês Antoine Meillet, aponta o traçado de um esquema digno de maior atenção e da melhor aceitação:

> Distingue ele, na Ciência da Linguagem, a Lingüística Geral e a Lingüística Histórica. Objeto próprio daquela disciplina é o estabelecimento das leis gerais da linguagem humana, ao passo que incumbe à Lingüística Histórica o estudo dos fatos lingüísticos particulares, isto é, o conhecimento das diversas línguas, das diversas famílias de línguas, dos inumeráveis dialetos etc. Nesse caso comporão a Lingüística Histórica disciplinas como a chamada Gramática Histórica, a Gramática Comparada, a Dialetologia, ou Gramática Expositiva.
> Adotando-se este esquema, há de chamar-se Lingüística Portuguesa e não Filologia Portuguesa o estudo científico da nossa língua. (Melo, 1981:9)

Embora elogie a divisão proposta por Meillet, considera ser mais adequado seguir a terminologia da década de 1970 para os estudos superiores — Filologia Portuguesa, Língua Portuguesa, Português, Lingüística Portuguesa e Lingüística Aplicada.

A influência deixada por Gladstone Chaves de Melo para seus sucessores é significativa, uma vez que, neste século XXI, seu nome está entre os quatro gramáticos pós-NGB (aqueles que se preocuparam com a sistematização dos fatos da língua culta ou literária "atual") que publicaram obras dignas de serem seguidas, uma vez que apresentam a descrição e a normatização da Língua Portuguesa de acordo com as determinações da Portaria nº 36, de 28 de janeiro de 1959.

Finalmente, traçam-se as aproximações possíveis entre Gladstone Chaves de Melo e Celso Ferreira da Cunha, dois homens do século XX. É preciso, também, mencionar Luís Filipe Lindley Cintra, uma das principais figuras da Lingüística Portuguesa, professor catedrático na Faculdade de Letras da Universidade de Lisboa, onde desenvolveu toda a sua atividade científica e docente. Esta referência é necessária, pois, ao lado de Celso Cunha, é autor da obra gramatical que ora comentaremos.

No Prefácio da obra *Nova gramática do português contemporâneo*, elaborada em 1985 (2ª edição) pelo português Lindley Cintra e pelo brasileiro Celso Cunha, busca-se descrever o português da época na sua forma culta, isto é, a língua dos escritores portugueses, brasileiros e africanos do Romantismo em diante, mas principalmente a linguagem dos autores mais "atuais". Cumpre acrescentar que não haveria descuidos em relação aos fatos da linguagem coloquial, uma vez que ambos se identificavam com as normas portuguesa e brasileira, que, às vezes, apresentam divergências.

Justifica-se a escritura da Gramática a duas mãos por um motivo extremamente pessoal: a forte amizade que os ligava pela convergência de formação, interesses e objetivos e por um motivo de ordem geral: a necessidade de produção de texto que apoiasse o ensino de Língua Portuguesa no Brasil, em Portugal e em outras nações de expressão em língua portuguesa. A preocupação com a contemporaneidade fê-los buscar fonte de informação atualizada sobre as normas vigentes no espaço lusófono com base no seguinte conceito de "correção":

> Se uma língua pode abarcar vários sistemas, ou seja, as formas ideais de sua realização, a sua dinamicidade, o seu modo de fazer-se, pode também admitir várias normas, que representam modelos, escolhas que se consagraram dentro das possibilidades de realizações de um sistema lingüístico. Mas — pondera Eugenio Coseriu, o lúcido mestre de Tübingen — se "é um sistema de realizações obrigatórias, consagradas social e culturalmente", a norma não corresponde, como pensam certos gramáticos, ao que se pode ou se deve dizer, mas "a que já se disse e tradicionalmente se diz na comunidade considerada". (Cunha & Cintra, 1985:7)

Adotando o conceito acima, Celso Cunha afirma que:

> Este conceito lingüístico de norma, que implica um maior liberalismo gramatical, é o que, em nosso entender, convém adotarmos para a comunidade de fala portuguesa, formada hoje por sete[7] nações soberanas, todas movidas pela

---

[7] Desde 2002, com a independência de Timor-Leste, a Comunidade dos Países de Língua Portuguesa (CPLP) passou a ser composta de oito países: Angola, Brasil, Cabo Verde, Guiné-Bissau, Moçambique, Portugal, São Tomé e Príncipe e Timor-Leste.

legítima aspiração de enriquecer o patrimônio comum com formas e construções novas... (Cunha & Cintra, 1985:8)

Se, por um lado, a postura de Celso Cunha se distancia da de Gladstone pelas observações feitas sobre o conceito de norma, por outro lado dela se aproxima pelas considerações feitas aos diversos registros existentes. No entanto, ambos defendem uma norma padrão-culto de aceitabilidade social que deve ser ensinada na escola, a língua de prestígio. Tal fixação no padrão-culto não impede a luta contra as regras inflexíveis dos puristas, dos gramáticos retrógrados sempre contrários a inovações que negavam as formas lingüísticas exigidas pela vida quotidiana.

Celso Cunha acredita na necessidade de se mostrar a natural diversidade da língua constante de sua superior unidade, tecendo considerações acerca das diversas realizações lusófonas em seu texto gramatical. Visão mais ampla que a de Gladstone, que não menciona variedades em sua obra gramatical, mas observa as diferenças e vislumbra a possibilidade de se escreverem gramáticas dos diversos falares, projeto que não vingou.

Quanto ao conceito de Linguagem, cita Slama-Casacu (1961:20): "um conjunto complexo de processos — resultado de uma certa atividade psíquica profundamente determinada pela vida social — que torna possível a aquisição e o emprego concreto de uma língua qualquer." E acrescenta que recorre também ao termo para designar todo sistema de sinais que serve de meio de comunicação entre os indivíduos. A questão da comunicação humana é abordada por Melo como comunicação lingüística, no instante em que menciona os usos da "língua viva" com seus diversos aspectos e usos determinados pelas circunstâncias concretas da vida que levam os indivíduos a agirem de forma diferente.

Quanto ao conceito de Língua, Cunha afirma que é um sistema gramatical pertencente a um grupo de indivíduos. Sendo a expressão da consciência de uma coletividade, é o meio pelo qual a sociedade concebe o mundo que a cerca e sobre ele age. Assinala, ainda, que a utilização social da faculdade da linguagem, criação da sociedade, não pode ser imutável, devendo viver em perpétua evolução, paralela à do organismo social que a criou. Para Melo, os elementos fundamentais da língua são: palavras, sons e relações que devem estar sistematizados de acordo com um critério, num determinado tempo, numa determinada fase, num determinado instante dessa língua; nota-se, portanto, a contemporaneidade, mas não a da constante alteração lingüística.

Cunha ainda aborda o conceito de discurso, que, segundo ele, é a língua no ato, na execução individual, estando implicada aí a questão da escolha entre os diversos meios de expressão, oferecida pelo rico repertório de possibilidades que é a língua, denominado Estilo. No entanto, se mencionarmos o apoio teórico de Cunha, podemos registrar a presença de alguns nomes mencionados por Melo, a saber: Ferdinand Saussure, Antoine Meillet, Manoel de Paiva Boléo, Joaquim Mattoso Câmara Júnior e outros que não o foram, como é o caso de Eugenio Coseriu; Nelson Rossi; Maria Helena Mira Mateus, Ana Maria Brito, Inês Silva Duarte e Isabel Hub Faria; Pilar Vázquez Cuesta e Maria Albertina Mendes da Luz, que fizeram pertinentes considerações teóricas e/ou relevantes descrições do Português.

Finalizando

A partir da contextualização, imanência e adequação, podemos apresentar nossas reflexões em torno da gramática da língua portuguesa escrita por dois excelentes filólogos, lingüistas e gramáticos da segunda metade do século XX.

Em todos os aspectos levantados nas obras analisadas, podemos afirmar que os dois gramáticos voltam-se para a norma padrão-culto, por estarem com o foco no ensino de Língua Portuguesa em sua modalidade de prestígio, mas sem deixar de apontar para as diferenças de registro existentes. Para Melo, as variantes sociais, regionais e de faixa etária são as mencionadas. Para Cunha, além dessas mesmas referidas por Melo, acrescem-se as variantes entre o português europeu e o português brasileiro, que teve sua caracterização consolidada a partir da miscigenação de raças por ocasião da colonização neste país e, ainda, ampliada pelas várias imigrações ocorridas no século XX, em que italianos, espanhóis, japoneses, alemães e outras gentes de outras nacionalidades influenciaram o português brasileiro presente em todos os estados que compõem o país nos seus oito milhões de quilômetros.

Assim, tendo procedido a uma leitura das obras mencionadas e tendo introduzido aproximações dos conceitos para apreciação dos textos analisados, na busca das afinidades de significado que subjazem a ambas as definições, pode-se afirmar que a consideração dos fatores lingüísticos e extralingüísticos que marcam o modelo centrado no progresso por acumulação possibilitou-nos uma melhor compreensão dos fenômenos sócio-lingüístico-culturais da época em questão. Tais procedimentos levaram-nos, apoiando-nos nos princípios teórico-metodológicos da Historiografia Lingüística, à descrição e explicação dos conteúdos de doutrina lingüística, ajustando o rigor lusitano em relação à Língua Portuguesa aos moldes do linguajar nativo, o que revela grande avanço na direção da dinamicidade dessa língua no Brasil.

Podemos concluir, então, por meio de especulações historiográficas, que os estudiosos Gladstone Chaves de Melo e Celso Cunha — envolvidos com Brasil e Portugal (e com a França, de onde emanaram as tendências lingüísticas que se desenvolveram no Brasil novecentista) — acompanham a tradição, registrando, em suas obras, a norma padrão-culto e suas variantes. Chegam a isso procedendo com a declaração explícita sobre as bases de suas gramáticas, assentadas nas doutrinas modernas de duas décadas diversas (1970/1980), passando ambos por posturas filológico-gramaticais e pelos fundamentos da lingüística estruturalista, adaptando-se ambos ao padrão inalterável da gramática. Por fim, apesar das variedades registradas no Brasil, prevalece, e continua prevalecendo, uma norma padrão-culto que é a língua exemplar, buscada pela escola e que apresenta também variações de uso de acordo com a cultura de cada brasileiro.

Referências bibliográficas

ANTUNES, Marco Aurélio Torres. (s/d). "Ensino da língua e da literatura". In: http://plural.motime.com/archive/2005-07. Acessado em 12 de janeiro de 2007, às 15h.

CEIA, Carlos. "E-Dicionário de termos literários". In: http://www.fcsh.unl.pt/edtl/verbetes/K/koine.htm. Acessado em 25 de março de 2007, às 16h.

CLEMENTE, Elvo (s/d). "Gladstone Chaves de Melo". In: http://www.filologia.org.br/viicnlf/anais/caderno04-05.html. Acessado em 10 de março de 2007, às 13 h.

COSERIU, Eugenio. *Na ponta da língua.* v. 2. Rio de Janeiro: Lucerna, 2002, p. 79-86.

ELIA, Sílvio. *Na ponta da língua.* v. 2. Rio de Janeiro: Lucerna, 2002, p. 147-150.

FACCINA, Rosemeire Leão da Silva. *Políticas lingüísticas: normalização da língua portuguesa no século XX.* Tese de Doutoramento defendida no

Programa de Estudos Pós-Graduados em Língua Portuguesa da Pontifícia Universidade Católica de São Paulo, São Paulo/SP, 2002.

FAUSTO, Boris. *História concisa do Brasil*. São Paulo: Editora da Universidade de São Paulo e Imprensa Oficial do Estado, 2002.

LIMA SOBRINHO, Barbosa. *A Língua Portuguesa e a unidade do Brasil*. 2ª ed. Rio de Janeiro: Nova Fronteira, 2000.

MAGALDI, Ana Maria; ALVES, Cláudia e GONDRA, José G. *Educação no Brasil: história, cultura e política*. Bragança Paulista, SP: EDUSF, 2003.

MATTOSO CÂMARA JR., Joaquim. *Princípios de Lingüística Geral*. Rio de Janeiro: Livraria Acadêmica, 1973, p. 284.

MELO, Gladstone Chaves de. *Gramática fundamental da Língua Portuguesa*. 2ª ed. Rio de Janeiro: Livraria Acadêmica, 1970.

_____. *Alencar e a Língua Brasileira* (seguida de *Alencar, Cultor e Artífice da Língua*). 3ª ed. Rio de Janeiro: Conselho Federal de Cultura, 1972.

_____. *Iniciação à Filologia e à Lingüística Portuguesa*. Rio de Janeiro: Ao Livro Técnico, 1981, p. 4; p. 95.

SADER, Emir. *Século XX: uma biografia não autorizada — o século do imperialismo*. São Paulo: Editora Fundação Perseu Abramo, 2000.

SEVCENKO, Nicolau. *A corrida para o século XXI. No loop da montanha-russa*. São Paulo: Companhia das Letras, 2001.

SLAMA-CASACU, Tatiana. *Langage et Contexte*. Haia: Mouton, 1961.

http://www.inep.gov.br/pesquisa/bbe-online/det.asp?cod=36395&type=P. Acesso em 05 de janeiro de 2007.

http://www.filologia.org.br/filologo/pub_filologo35.html. Acesso em 20 de dezembro de 2006.

CAPÍTULO 4

Celso Pedro Luft e a *Gramática resumida*

José Everaldo Nogueira Jr. (IP-PUC/SP – PUC-SP)
Patrícia Leite Di Iório (IP-PUC/SP – UNICSUL)

> Esperamos que a nova Nomenclatura Gramatical Brasileira marque o início de um estudo e ensino da língua mais arejado e mais eficiente. Se o nosso livrinho apontar para esse rumo, dar-nos-emos por amplamente compensados pelo esforço despendido.
>
> *Celso Pedro Luft*

A época da produção da *Gramática resumida*, de Celso Pedro Luft, tanto do ponto de vista político, quanto educacional, era de grande turbulência e de acontecimentos marcantes nesses dois aspectos. Evidentemente, não se separa o político do educacional, a não ser pedagogicamente, como é o caso desta seção sobre Luft e seu contexto. Todavia, considerando que em todo este livro haverá remissão freqüente a esses aspectos, faremos aqui considerações rápidas só mesmo para pontuar ao leitor o terreno em que Luft pisava, quando do lançamento do texto que nos serve de base para a escrita deste artigo.

Dentre os que selecionamos, o primeiro acontecimento marcante desse período é o suicídio do Presidente Getúlio Vargas, em agosto de 1954, decorrente do que, em sua carta final, ele chamou de ação de "forças ocultas", que não apoiavam a política populista, paternalista e demagógica que ele e João Goulart, seu ministro do Trabalho, vinham adotando.

Assim é que sobe ao poder o Presidente Juscelino Kubitschek, tendo como vice o mesmo João Goulart. Com sua política nacionalista e desenvolvimentista (seu programa objetivava fazer o Brasil progredir "50 anos em 5"), o país cresceu economicamente, sobretudo no que diz respeito à indústria (estrangeira) automobilística. O Produto Interno Bruto (PIB) cresceu 7%, no entanto, os benefícios ficavam concentrados nas mãos de uma minoria, o que aumentava a distância entre ricos e pobres, entre os que tinham acesso aos bens culturais e os que não o tinham.

Embora ainda destinado a poucos, o desenvolvimento é bastante importante na tentativa de reversão desse quadro, o setor gráfico ampliou-se em 143% na década de 1950 devido à abertura às licenças de importação; posteriormente, com a isenção de impostos para a produção de livros e o subsídio à indústria de papel, chegou-se à marca de 66 milhões de exemplares de livros em 1962.

Essa ampliação cultural da população, que ainda não atingia os níveis mínimos desejáveis, pode ser sentida também no ensino superior, que cresceu de 44 mil universitários em 1950 para 280 mil até o final da década de 1960.

Todo esse quadro fez com que se retomassem os debates em torno da educação, que passaram a ser intensos nessa época. A Lei de Diretrizes e Bases da Educação Nacional (LDB) já havia sido proposta em 1948. No entanto, engavetada durante anos, com significativas alterações, ela só foi aprovada em 1961, ano seguinte ao da publicação da *Gramática resumida*.

Como, infelizmente, sempre aconteceu na Educação Nacional, também nas décadas de 1950 e 1960, segundo Werebe (1994) o número de vagas oferecidas pelas escolas brasileiras era insuficiente para a demanda existente. Para agravar a situação, no mesmo período — é de se pasmar —, embora tenha havido baixa percentual de 10%, em números absolutos a quantidade de analfabetos aumentou no Brasil.

Provavelmente, essa situação se deva a alguns fatores, tais como a insuficiente oferta de vagas, a baixa qualidade de ensino e, por fim, ao fato de mais da metade da população (entre 50 e 60 milhões de habitantes) residir na zona rural, onde era ainda mais precária a situação educacional. Se era precária na zona rural, na urbana era temerária, uma vez que, dos alunos que ingressavam na primeira série, apenas 16,5% chegavam à quarta.

A expansão da rede de escolas não foi acompanhada pelo cuidado com a elaboração de um currículo adequado, com uma distinção relativa a alunos de interesses e origens diferentes, com uma carga horária adequada aos objetivos de ensino. Em alguns casos, revela Werebe (*op. cit.*), para atender ao maior número possível de alunos, o período escolar era de duas horas.

Ainda era possível piorar a situação: se, por um lado, os novos alunos não estavam em condições de se ajustarem ao ensino, por outro, os professores não estavam preparados para o exercício de seu trabalho.

Motivado pelos mais diversos fatores, o desinteresse pelo estudo era grande, a ponto de a matrícula de alunos na primeira série reduzir-se de cem para quarenta, considerando-se a média de matrículas efetuadas no intervalo de dez anos. Situação semelhante também vivia o ensino superior: aumentava-se o número de estabelecimentos de ensino (eram quase mil na década de 1960), mas a sua qualidade era baixa.

Em 1961, mesmo ano da fundação, por Darcy Ribeiro, da Universidade de Brasília, foi aprovada a Lei de Diretrizes e Bases da Educação Nacional, que tramitava já desde 1948, como salientamos anteriormente. Pela lei, garantia-se igualdade de tratamento do Poder Público aos estabelecimentos oficiais e particulares; procurava-se articular os três níveis de ensino; inovava-se o ensino secundário no que se refere ao currículo, que deixava de ser único e rigidamente seguido em todo o território nacional: reduziu-se o número de matérias estudadas — Latim e Espanhol, por exemplo, foram quase extintos das grades curriculares, o Francês cedeu lugar ao Inglês. Enfim, com a LDB, admitiu-se a pluralidade de currículos no sistema federal. Entretanto, essa medida também não foi suficiente para suprir as deficiências existentes na educação nacional.

Também não foi levada a cabo uma gama de experiências que poderiam trazer benefícios para a educação. Werebe cita as, então, felizes realizações da Escola de Aplicação da USP, os ginásios vocacionais, além do trabalho realizado pelas instituições particulares Colégio Santa Cruz e Madre Alix. Tais experiências foram abortadas com a repressão exercida pelo regime militar. Do mesmo modo, o ensino comercial, que crescia para atender à demanda gerada pelo crescimento industrial, era tratado com quase total descaso pelo Poder Público. Como se vê, de fato, educação e política não são campos facilmente separáveis, como dissemos no início.

Alguns grupos da sociedade se organizaram em favor da educação nacional, como é o caso da UNE (União Nacional dos Estudantes) e da CNBB (Confederação Nacional dos Bispos do Brasil), que promoveram atividades culturais variadas, tendo em vista a educação de base. Nesse mesmo sentido, não podemos deixar de citar aqui os grupos ligados a Paulo Freire, em Pernambuco, que propunham nova forma de alfabetização.

Outros fatos positivos também merecem destaque nesta seção de contextualização. É também dessa época a publicação do excepcional *História da Língua Portuguesa*, de Serafim da Silva Neto (1952), livro que passa a associar a história da Língua Portuguesa à história política e cultural do Brasil e de Portugal. Três anos depois, é publicada *Formação histórica da Língua Portuguesa*, de Silveira Bueno, livro em que combate a visão purista da língua e já fala sobre o processo de dialetação no Brasil. Em 1957, reforçando uma postura normativista da época, Carlos Henrique da Rocha Lima publica sua *Gramática normativa da Língua Portuguesa*. Diferentemente dessa postura e seguindo caminho parecido com o de Silveira Bueno, entre 1963 e 1965, segundo princípios da geografia lingüística, Nelson Rossi publica o *Atlas prévio dos falares baianos*, importante obra que registra e descreve a variação lingüística na Bahia.

São também desse período as várias publicações de Mattoso Câmara a respeito da descrição da Língua Portuguesa. Essas publicações, reunidas, vieram a se tornar na década de 1970 o livro *Estrutura da Língua Portuguesa*. É fundamental lembrar aqui que a Lingüística passou a figurar no currículo mínimo dos cursos de Letras em 1965; os textos que serviam de base para esses estudos eram os de Mattoso Câmara, considerado o introdutor da Lingüística no Brasil. Este autor, como veremos, exercerá grande influência no pensamento e nos posicionamentos tomados por Celso Pedro Luft.

Celso Cunha é outro nome importantíssimo nesse período, com a publicação de seus livros *Uma política do idioma* (1965) e *Língua portuguesa e realidade brasileira* (1968), em que defende posição conciliadora diante da polêmica a respeito da língua usada no Brasil em relação à utilizada em Portugal. Normativo, Celso Cunha publica a *Gramática do português contemporâneo*, na qual aplica a NGB, Nomenclatura Gramatical Brasileira.

É justamente a Nomenclatura Gramatical Brasileira a razão da publicação de dois livros no início da década de 1960, duas obras criadas para explicá-la e aplicá-la: uma a de Adriano da Gama Kuri, e outra, a de Celso Pedro Luft. Na visão de Guimarães (1996:132), a NGB *se reduz a ser uma organização terminológica sem teoria que a sustente adequadamente*. Um pouco com esse espírito de incompletude em relação à NGB é que Celso Pedro Luft provavelmente tenha escrito sua *Gramática resumida*, como veremos a seguir.

Com efeito, a NGB surge da percepção de que na área dos estudos da linguagem era adotada no Brasil uma nomenclatura ora confusa ora repetitiva que acabava por deixar dúvidas nos estudantes. Nas palavras do então diretor do Ensino Secundário, Gildásio Amado (apud LUFT, 1963:3):

> o problema da falta de padronização na nomenclatura gramatical em uso entre nós nas escolas e na literatura didática de há muito vinha preocupando

nossos filólogos e autoridades pedagógicas, sem que se concretizassem as várias propostas feitas pelos primeiros para a sua solução ou que lograssem êxito as tentativas das autoridades administrativas que com ele se ocuparam.

Formada por Antenor Nascentes, Clóvis do Rego Monteiro, Cândido Jucá (filho), Carlos Henrique da Rocha Lima e Celso Ferreira da Cunha, assessorados pelos professores Serafim da Silva Neto, Antônio José Chediak e Sílvio Edmundo Elia, a comissão apresentou um anteprojeto que foi exposto aos professores brasileiros, sobretudo às faculdades, à Academia Brasileira de Filologia e a outros órgãos competentes. Aprovada, a Nomenclatura Gramatical Brasileira entra em vigor em 1961, como um *inestimável serviço* prestado à causa da educação no Brasil.

Muito mais do que a busca de uma unificação das nomenclaturas utilizadas na escola, a NGB é resultado de mudanças motivadas pela democratização do ensino, é, como Luft aponta na epígrafe do início do capítulo, a esperança de novos rumos no ensino e no estudo da língua nacional. Não por outra razão, com um novo pensar sobre o Português, o paradigma de material didático também começa a ser alterado, de forma que deixa de existir a divisão em Antologias e Gramáticas. Passa-se a incluir nos manuais didáticos o estudo do texto associado ao da gramática e a oferecer exercícios de vocabulário, interpretação e redação. Os autores de livros didáticos tomam para si a responsabilidade do preparo das aulas e da formulação de exercícios.

1. O autor

Antes de iniciarmos mais especificamente a análise da *Gramática resumida*, vejamos alguns dados sobre Celso Pedro Luft. A segunda edição de *Gramática resumida* dá-nos um amplo painel do que foi a biografia de seu autor. Escrita pelos próprios editores da *Gramática resumida*, a biografia revela que o gaúcho Luft — que também fora musicista e poeta — nascera em 28 de maio de 1921, no distrito de Boa Vista, pequeno município de Montenegro, no Rio Grande do Sul. Tendo sido aluno de seu próprio pai nas aulas primárias, teve também oportunidade de estudar no Instituto Champagnat (dos irmãos maristas), em Porto Alegre. Em nível superior, iniciou seus estudos na Faculdade Católica de Filosofia, na qual cursou Letras Clássicas, tornando-se bacharel e licenciado, no ano de 1945.

Dada a qualidade que apresentava, tornou-se, já em 1948, lente na Faculdade de Filosofia em que se formara. Seis anos depois, realizara viagem à Europa, a fim de aprofundar seus estudos em Filologia Portuguesa e também de estagiar. Tendo passado pela França, por Madrid e Portugal, Luft tivera a oportunidade de encontrar-se com grandes nomes da Lingüística de sua época, dentre eles: Menéndez Pidal, Julio Cesares, Damaso Alonso, além de ter-se orientado com Lindley Cintra, Herculano de Carvalho, Hernâni Cidade, Inês Louro, Costa Marques, Zamora Vicente e Lázaro Carreter. Participou, nesse momento, de um Curso de Especialização em Filologia Portuguesa e Dialectologia com Manuel de Paiva Boléo. No Brasil, estivera em contato com Manuel Said Ali, Antenor Nascentes, José Joaquim Nunes, Eduardo Carlos Pereira, João Ribeiro e outros. Muitos desses autores, como veremos, serão repetidamente citados na *Gramática resumida* (GR), o que denota que são esses os autores que vão influenciar seu modo de pensar a língua e seu ensino.

Durante seus estudos, Luft também se dedicara aos aspectos psicológicos, afetivos e estéticos da linguagem, de modo que verteu atenção especial à Estilística, à Semântica e à Lingüística Funcional, posição que, aliás, o autor assumiu em sua obra, por exemplo, quando, no âmbito da morfologia, tratou da dificuldade em se diferenciar raiz e radical:

> Concluindo: pensamos, como Saussure, que no estudo da língua, prático e descritivo — como é o da Gramática — o único ponto de vista válido para aferição de raízes, radicais, temas, afixos e desinências é o estático, o atual, funcional, sincrônico. Didàticamente isto é tanto mais importante, quanto não têm cabimento as considerações histórico-etimológicas para alunos do curso secundário e estudiosos da Gramática em geral. (p. 64-65)

Depois de sua passagem pela Europa, Luft foi professor de Língua Portuguesa na Pontifícia Universidade Católica do Rio Grande do Sul e da Universidade Federal do Rio Grande do Sul; foi ainda titular de Lingüística na Faculdade Porto-alegrense de Educação, Ciências e Letras.

Segundo afirma o próprio Luft, uma das razões pelas quais escrevera a *Gramática resumida* foi a solicitação insistente de alunos e colegas:

> Foi com o intuito de cooperar nessa obra simplificante e harmonizadora, como também para atender a amigos e colegas que nos propusemos a escrever este opúsculo. Desde a publicação da Nomenclatura [Gramatical Brasileira] nos

interessamos por sua aplicação e vulgarização. E tendo ministrado na Pontifícia Universidade Católica de Porto Alegre uma série de aulas sobre a matéria, foi-nos insistentemente sugerida a publicação dos comentários e esclarecimentos então professados. Acedendo às sugestões, pensávamos inicialmente não redigir mais que rápidas achegas em torno do assunto, ventilando apenas os pontos duvidosos ou controversos. Já no decurso da empresa, foi-se-nos avultando a idéia de perfazer o trabalho em forma de pequena gramática — edifício sóbrio e estruturado pelo arcabouço da terminologia oficial.

Menegat (2006:16-17) é enfática ao afirmar que Luft destacava-se entre seus alunos e colegas como um pesquisador comprometido com a busca de novas estratégias sobre a teoria e o ensino; procurava, assim, alternativas que minimizassem os problemas do ensino do vernáculo.

2. Obras do autor

Como vimos acima, além das preocupações de lingüista e de filólogo, sua vertente didática também era bastante acentuada, ainda demonstrava interesse pela literatura e pela descrição do significado das palavras em cada sistema lingüístico. Essa quádrupla motivação, nem sempre bem-vista em um momento em que se privilegiava, sobretudo, a especialização dos saberes, dá-nos a medida de seu comprometimento intelectual; mas, principalmente, destaca nosso autor como alguém além de seu tempo, multidisciplinar.

Suas obras são reflexos dessa postura multidisciplinar, de forma que, para uma melhor compreensão do homem e de seu trabalho, dividimos suas obras em quatro grupos, a saber:

a) Estudos Filológicos e Literários

LUFT, Celso Pedro. "Landainhas, lendas e mentiras". In: *Revista Brasileira de Filologia*. v. 2, tomo II. Rio de Janeiro: Livraria Acadêmica, 1956.

LUFT, Celso Pedro. "Estudos sobre a comparação popular portuguesa". In: *Revista Brasileira de Filologia*. v. 2, tomo II. Rio de Janeiro: Livraria Acadêmica, 1957.

LUFT, Celso Pedro. "Tratamento depreciativo". In: *Revista Brasileira de Filologia*. v. 2, tomo II. Rio de Janeiro: Livraria Acadêmica, 1957.

LUFT, Celso Pedro. "A arte camiliana (análise estilística de um soneto de Camilo)". In: *Veritas*, nº 2, Porto Alegre: PUCRS, 1958.

LUFT, Celso Pedro. "Uma metáfora desenvolvida em *Quincas Borba*". In: *Anuário da Faculdade de Filosofia Marcelino Champagnat*. Porto Alegre, 1958.

LUFT, Celso Pedro. "A arte velada de Machado de Assis". Separata de *Veritas*, nº 3 e 4. Porto Alegre, 1958.

LUFT, Celso Pedro. *Arcos de solidão* (poemas). Porto Alegre: Globo, 1958.

LUFT, Celso Pedro. *66 poemas* (Prêmio de Poesia, RS, 1959). Porto Alegre, 1961.

LUFT, Celso Pedro. *Rio interior*. 1ª classificação do Concurso de Ensaio. Rio Grande do Sul: (Inédito).

LUFT, Celso Pedro. *O romance das palavras*. São Paulo: Ática, 1996.

b) *Estudos Lingüístico-gramaticais*

LUFT, Celso Pedro. *Gramática resumida*. Porto Alegre: Globo, 1960.

LUFT, Celso Pedro. *Novo manual de português*. Porto Alegre: Globo, 1971.

LUFT, Celso Pedro. *Moderna gramática brasileira*. Porto Alegre: Globo, 1974.

LUFT, Celso Pedro. *Grande manual de ortografia*. Porto Alegre: Globo, 1983.

c) *Estudos com preocupação didática*

LUFT, Celso Pedro. *Guia ortográfico*. Porto Alegre: Globo, 1954.

LUFT, Celso Pedro. *Novo guia ortográfico*. Porto Alegre: Globo, 1973.

LUFT, Celso Pedro. *Língua e liberdade*. São Paulo: Ática, 1985.

LUFT, Celso Pedro & CORREA, Maria Helena. *A palavra é sua*: língua portuguesa. São Paulo: Scipione, 1993.

LUFT, Celso Pedro. *A vírgula*. São Paulo: Ática, 1996.

d) *Estudos Lexicográficos*

LUFT, Celso Pedro. *Dicionário prático de regência verbal*. São Paulo: Ática, 1987.

LUFT, Celso Pedro. *Novo manual de português*: redação, gramática, literatura, ortografia oficial, textos e teses. São Paulo: Globo, 1990.

LUFT, Celso Pedro. *Dicionário prático de regência nominal*. São Paulo: Ática, 1992.

LUFT, Celso Pedro. *Microdicionário Luft*. São Paulo: Ática, 1998.

3. As edições da *Gramática resumida*

A *Gramática resumida* surge, em 1960, em um contexto no qual se procura "simplificar" a Nomenclatura Gramatical Brasileira, de modo que se confira a ela certa homogeneidade. O próprio autor apresenta esse objetivo na seção destinada à "explicação", em que questiona:

> Estará finalmente em vias de se resolver entre nós o velho e nodoso problema da nomenclatura gramatical? Ver-se-ão, afinal, os estudiosos da gramática, libertados desse dédalo inextricável de nomes, teorias, sutilezas e bizantinismos? Teremos enfim, unificada, uma terminologia mais racional e mais simples?

Dessa feita, com a *Gramática resumida*, o intento do autor era *explicar e aplicar os termos adotados pela Nomenclatura oficial, discutir e corrigir algumas posições errôneas, assim como esclarecer a matéria com exemplos apropriados* (cf. p. XIV e XV).

Todavia, não foi apenas Luft quem teve a idéia de simplificar a NGB. No mesmo tempo, Adriano da Gama Kury também se dedicara a esse feito. Sem que tivessem conhecimento um do trabalho do outro, Kury teve sua *Pequena gramática* lançada antes da *Gramática resumida*, de Luft. Ambos os trabalhos eram semelhantes na concepção, feitura, orientação e método. Tanto é que o próprio Luft chama seu texto de "sósia" em relação ao de Kury. O que poderia ser uma questão de concorrência, após contato entre ambos os autores, tornou-se um fato de fortalecimento no que diz respeito à tentativa de simplificação e aplicação da Nomenclatura Gramatical Brasileira.

Assim é que, em maio de 1960 vem à tona a primeira edição da *Gramática resumida*, de Celso Pedro Luft, segundo o qual ela não tem pretensões a uma gramática completa nem se resume a *ligeiras achegas do plano inicial*. Antes, constitui-se como um *modesto roteiro através do terreno gramatical, traçado pelos marcos da nova terminologia* (cf. p. XIV).

Consciente de que o trabalho ficara carente de certos reparos, Luft lançou, em 1963, a segunda edição da *Gramática resumida*, que, como a primeira, não se destinava a mestres do assunto. De acordo com o autor, na segunda edição foi conveniente realizar uma série de melhorias, tais como recortes em uns pontos, desenvolvimento em outros, correções, retoques de redação, tendo em vista maior clareza e precisão. Perfeccionista como fora, o autor ainda não se dera por satisfeito com o próprio trabalho. Achava, por exemplo, que era necessário melhorar a questão das definições, que representavam para ele uma *constante dor de cabeça*. Daí é que pede aos leitores — estudiosos, professores e críticos — *pareceres, reparos e críticas que possam* tornar a segunda edição da *Gramática resumida um instrumento de trabalho e estudo menos imperfeito* (cf. VII).

Os "reparos" a que Celso Pedro Luft faz referência estão menos localizados na parte destinada à sintaxe do que naquelas em que trata da fonética e da morfologia. No capítulo de fonética, o autor faz um longo comentário, a título de observação, como se vê a seguir:

> Obs.: Escreve A. Nascentes: "Só raríssimamente e por licença poética, poderão (esses encontros vocálicos) aparecer como hiatos. Forçadamente." (NGB, p. 8). Não estamos inteiramente de acordo com o último advérbio. Se interpretações como gló-ri-a, ár-du-o, tí-bi-o, gê-ni-o, etc. podem ser qualificadas como "forçadas" na fala corrente ou na literatura comum, — na poesia (o Autor fala em "licença poética") é preciso ter em conta a existência ou não de uma intenção de expressividade ou função estilística. Claro que há poetóides que manejam tais hiatos como "licenças poéticas", recurso para acertar o número de sílabas de um verso; poetas de raça empregam hiato (diérese) como meio expressional. (cf. p. 46)

Já na segunda edição (1963), abrindo mão de seu comentário pessoal, Luft limita-se a fazer referência a Antenor Nascentes e remete o leitor a um ponto de sua *Gramática resumida*, um pouco mais à frente. Assim, elimina todo o trecho que se inicia com "não estamos inteiramente de acordo..." até o final do parágrafo e, em lugar disso, acrescenta apenas "(Cf. tb. p. 54, Obs. 2)", em que retoma o mesmo fenômeno lingüístico então retratado.

No mesmo propósito de dar a seu texto maior clareza e precisão, o autor realiza não apenas "recortes em alguns pontos", como foi visto acima, mas também faz inserções que, certamente, são fruto de seu estudo constante da língua. No item *Classificação pela zona de articulação*, Luft acrescenta a seguinte nota na segunda edição:

> NOTA — Segundo prova José I. de Louro (v. Bibliografia) — revolucionàriamente, mas com acêrto em nosso entender —, a disposição do triângulo de Hellwag e respectiva classificação das vogais em anteriores, médias e posteriores não correspondem à realidade. Conforme ele variadamente demonstra, o /a/ é a vogal mais recuada: vogal gutural; as outras vogais — que não passam de variações de timbre dêsse som fundamental laríngeo, variações devidas às diversas conformações do tubo sonoro e se dispõem em duas séries anteriores ao /a/, sendo mesmo /ó/, /ô/ e /u/ "mais anteriores" que /é/, /e/ e /i/, já que emitidos em ponto mais avançado (nos lábios).
> Além disso, há que reparar que classificamos as consoantes pelos órgãos articuladores — labiais, dentais, palatais, etc. — ao passo que na classificação das vogais não se faz referência a tais órgãos. Em fonética histórica, há quem chame de palatização a evolução a>e (FACTU > feito), e labialização a > o (AURU > ouro), e>o (VIPERA > víbora), i > u (derribar > derrubar).
> Assim, parecem-nos possíveis duas melhorias na NGB:
> 1. *Ponto de* emissão, como propõe J.I. Louro, em vez de zona de articulação já que as vogais não são articuladas como as consoantes.
> 2. Classificação das vogais (pelo ponto de emissão):
> Gutural: /a/
> Palatais: /é/, /ê/, /í/
> Labiais: /ó/, /ô/, /u/
> Estas últimas podem também ser chamadas de **labiovelares**, *tendo-se em vista, além do ponto de emissão (lábios), a concomitante elevação da metade posterior da língua contra o véu palatino.*

No capítulo destinado à morfologia, e com maior incidência no espaço reservado para os pronomes, o autor faz pequenas inserções na segunda edição: acrescenta breves definições, comentários e exemplos, dos quais citamos apenas alguns.
— Para os pronomes demonstrativos, o autor acrescenta uma definição, que é: *São pronomes que situam o(s) sêr(es) em relação a uma das pessoas do discurso* (cf. p. 88).
— Para os pronomes possessivos, Luft acrescenta um comentário, que é: *O possessivo "seu(s)", "sua(s)" pode referir-se tanto à 3ª pess. do sing. como à do plural — seu livro (= livro dêle ou dêles) — e ainda à*

2ª *pessoa do tratamento indireto: "seu" livro (= livro de Vossa Senhoria ou de Vossas Senhorias).*
— Para os pronomes de tratamento, acrescenta um exemplo, que é: *Vossa Excelência **sabe** o quanto admiro **suas** qualidades.* (cf. p. 87, destaques do autor)

Nas demais áreas do capítulo de morfologia, e também na de sintaxe, não há alterações significativas entre a primeira e a segunda edição da GR. Isso já não acontece na transição da segunda para a terceira, uma vez que o autor, em contato com a Lingüística Estrutural, fez significativas alterações no texto. Enquanto se preparava para trazer à luz a terceira edição da GR, Luft viu-se envolto com tantas mudanças, correções e acréscimos ao texto original, que houve por bem transformar em um novo livro aquele que seria a terceira edição. De acordo com o autor,

> era um outro livro, embora fundado no primeiro: a mesma Nomenclatura Gramatical, com seu esqueleto orientando os termos. Pensei ser útil a professores e alunos mantendo nomes familiares, sem deixar de aplicar novas teorias gramaticais que iluminassem melhor a realidade idiomática. Aqui e ali, um termo novo, inevitável: sintagma, morfema, alomorfe, arquifonema, fone.

Vê-se claramente que Luft havia bebido dos postulados teóricos da Lingüística Estrutural, sobretudo em autores como Saussure, Hjelmslev, Bloomfield, Nida, Fries, Mattoso Câmara e, principalmente, Chomsky — autores[1] diretamente citados por Luft no prefácio do que seria a terceira edição da GR, o "novo livro", a que chamou de *Moderna gramática brasileira*.

Na *Moderna gramática brasileira*, Luft inverte a ordem estabelecida pela gramática tradicional, que ia da fonética, passando pela morfologia, até chegar à sintaxe. Dessa forma, e apoiado na Lingüística e na Teoria da Comunicação, sua proposta é partir da sintaxe, passar pela morfologia e chegar à fonética. Justifica sua atitude com a afirmação de que *a comunicação se faz não por meio de fonemas nem morfemas, mas através de frases, feitas de locuções e estas de palavras* (cf. XIII).

---

[1] Para uma visão mais ampla dos autores, obras e teorias que influenciaram Celso Pedro Luft, leia-se: MENEGAR, Clarice Teresinha Arenhart. *Gramática e Lingüística na obra de Celso Pedro Luft — no panorama dos estudos da língua de 1960 a 1990*. Santa Cruz do Sul, RS: IPR, 2006. Trata-se de um excelente livro que analisa toda a obra de Celso Pedro Luft.

Nesse sentido, Luft trabalha afinado com o Transformacionalismo Chomskiano para dar conta da explicação da análise sintática, sem, no entanto, cair na mera teorização, uma vez que ele tem em mente que seus leitores não serão especialistas, mas professores e usuários comuns. Apoiado no Estruturalismo americano, Luft trabalha a morfologia e a fonética, já adotando terminologia própria. É explícita sua adoção dessas (então) novas teorias, quando realiza as análises, na medida em que as apresenta por meio de esquemas arbóreos.

Como Luft se valera da Teoria da Comunicação, sua perspectiva teórica vai se manter nos limites de tal teoria. Dessa maneira, toma a linguagem — verbal e não-verbal — como algo inato à natureza humana, uma faculdade do homem de (re)criar e manipular sistemas de comunicação, para pensar e conhecer, para estruturar seu mundo interior e construir no espírito o que vai exteriorizar. (cf. 1)

Por entender que a linguagem se presta à comunicação, Luft admite que ela é um processo que inclui emissor, código, mensagem, receptor e todos os fatores expostos nos postulados chomskyanos. Distingue ainda língua e fala: aquela, um código fechado e disponível para o usuário utilizar; esta, a efetiva utilização do código. No âmbito do indivíduo, distingue ainda entre competência (saber-falar) e desempenho (falar). Em suma, Luft deixa-se guiar pelas dicotomias *langue/parole*, de Saussure, e *competência/desempenho*, de Chomsky.

É interessante notar que Luft não se limita à Lingüística Estrutural ou aos estudos gerativo-transformacionais. Sem medo de ser criticado por misturar teorias, ele assume também alguns pontos de vista do que chamou de Sociologia da Lingüística ou Sociolingüística e Geografia Lingüística ou Geolingüística para admitir a idéia de variação. Isso o levou a diferenciar no sistema lingüístico o *esquema* (invariável) e as *normas* (variáveis de acordo com épocas, lugares, situações, indivíduos). Assim, enquanto o sistema é abstrato e amplo, as normas são concretas e particulares. Ele admite que existe um sistema invariante, que se realiza em normas variáveis, de modo que é levado a admitir, numa frase posta entre aspas — possivelmente de Mattoso Câmara —, que toda língua se constitui como "uma unidade (esquema) na variedade (normas)".

Luft sintetiza assim a concepção de linguagem que adota na *Moderna gramática brasileira*:

> Aplicado isto à nossa língua, temos: o amplo esquema da língua portuguesa, com os idiomas luso e brasileiro, os dialetos lusitanos (minhoto, transmonta-

no, beirão, etc.) e brasileiros (nordestino, fluminense, sulino, etc.), os falares locais (porto-alegrense, uruguaianense, curitibano, brasiliense, etc.), a língua como cada um a tem interiorizada (idioleto), e cada ato circunstancial de fala (expressão ou discurso). (cf. 4)

O autor faz ainda uma série de distinções, como entre os níveis culto e inculto, tomando por critério de "culto" (cuja imagem gráfica da língua é sólido fato de coesão) aquele realizado por pessoas que lêem, e por inculto, o realizado por analfabetos. Inevitavelmente, diferencia também as modalidades oral e escrita da língua, além dos registros formal e informal de linguagem.

Por fim, distingue ainda gramática natural de gramática artificial: a primeira, ligada à noção de competência já referida, constitui-se como um sistema intuitivo de regras segundo as quais os falantes constroem suas frases; já a segunda é compreendida como a descrição desse saber lingüístico, geralmente registrado em livros, manuais, etc. Em relação à gramática descritivo-normativa, Luft defende que ela se divide em *tradicional* e *moderna*. Enquanto a primeira se baseia na tradição greco-latina, a segunda se apóia nos progressos da ciência lingüística. É por essa razão que ele chama a terceira edição da *Gramática resumida* de *Gramática moderna brasileira*.

Para o autor, é notório que todos sabemos mais da nossa língua do que conseguimos falar ou escrever sobre ela. Assim, toda gramática deve ser um esforço no sentido de explicitar o sistema gerador de frases interiorizado pelos falantes. Pelo fato de demonstrar incompletude em sua descrição ou normatização, pelo fato de haver falta de sistematização, pela falta de coerência entre as partes, pela falta, por fim, de exaustão e explicitude, o autor afirma que as gramáticas, *assim como têm sido feitas, só servem (servem?) a quem já sabe a língua*. (cf. 7)

Consciente de que uma gramática pode se propor a ser normativa ou descritiva, Luft situa a sua no âmbito da descrição. Considerada uma gramática descritiva, segundo os moldes gerativo-transformacionais, a *Moderna gramática brasileira* tem como eixos o plano sintagmático (significativo ou de conteúdo — Morfologia) e o paradigmático (significante ou de expressão — Fonologia). Tem, portanto, um componente de construção básica e derivada — que abrange a sintaxe e o léxico — e outro de interpretação semântica e fonológica. Nesse livro, Luft vai se ocupar apenas do componente de construção, ao qual, numa edição futura, promete o autor, *serão acrescentadas duas partes: Semântica e Ortografia*.

4. A *Gramática resumida*

É curioso notar como Luft se refere à *Gramática resumida* ora como pequeno trabalho, ora como opúsculo, enfim, refere-se a ela como um trabalho menor, chegando a dizer até que ela não tem pretensão a gramática. Entretanto, uma simples observação atenta do sumário da *Gramática resumida* propicia uma visão ampla de um trabalho de grande porte. Do ponto de vista da quantidade dos temas tratados, nenhum deixa a desejar. Talvez o autor tenha se referido a ela como um trabalho menor pelo fato de pretender dar aos temas maior profundidade.

Em conformidade com a partição das gramáticas ditas tradicionais, a *Gramática resumida* está dividida em três partes, a saber: fonética, morfologia e sintaxe. Antes, porém, o autor apresenta uma nota de explicação; as abreviaturas, siglas e sinais; a Nomenclatura Gramatical Brasileira; e a portaria ministerial que regula a NGB. Posteriormente, Luft apresenta o contexto em que escreve a *Gramática resumida* e, por fim, acrescenta uma introdução na qual reflete sobre gramática e análise. Tradicionalmente, seguem as três partes da Gramática, assim subdivididas:

1ª Parte: FONÉTICA
Fonética: conceito e divisão
Fonemas: conceito
Fonemas: produção e classificação
Vogais, semivogais e consoantes
O sistema vocálico
Vogais: classificação
Ditongos, tritongos e hiatos
Consoantes: classificação
Encontros consonantais
Quadro das consoantes
Sílaba
Tonicidade
Vocábulos ora tônicos, ora átonos
Rizotônicos e arrizotônicos
Ortoepia e prosódia
Apêndice: modelos de análise fonética

2ª Parte: MORFOLOGIA
Morfologia: conceito e divisão
A. A estrutura das palavras
   Raiz e radical
   Tema
   Afixos: prefixos e sufixos
   Desinências
   Vogal temática
   Vogal e consoante de ligação
   Cognatos
B. Formação de palavras
   Derivação
   Composição
   Hibridismo
   Palavras quanto à estrutura
C. Flexão de palavras
D. Classificação das palavras
   As dez classes de palavras
   O nome substantivo
   Classificação do substantivo
   Formação do substantivo
O Artigo
   Classificação do artigo
   Flexão do artigo
O Adjetivo
   Formação do adjetivo
   Flexão do adjetivo
   Locução adjetiva
O numeral
   Classificação do numeral
   Flexão do numeral
O pronome
   Classificação do pronome
   Os pronomes pessoais e as pessoas gramaticais
   Definições para o pronome
   Pronomes substantivos e pronomes adjetivos
   Pronome pessoal

    Pronome de tratamento
    Pronome possessivo
    Pronome demonstrativo
    Pronome indefinido
    Pronome interrogativo
    Pronome relativo
    Flexão do pronome
    Locução pronominal
O verbo
    Classificação do verbo
    Regular, irregular e anômalo
    Defectivo, abundante, auxiliar
    Conjugações
    A anomalia do verbo *pôr*
    Formação do verbo
    Flexão verbal:
        a) modo
        b) formas nominais do verbo; gerúndio e particípio presente
        c) tempo
        d) número
        e) pessoa
        f) voz
    Locução verbal
O Advérbio
    Classificação do advérbio
    Consideração sobre os advérbios
    Advérbios de frase e expressões de situação
    Flexão do advérbio
    Locução adverbial
Conectivos
a) A preposição
    Classificação das preposições
    Combinação e contração
    Locução prepositiva
    Distinção entre advérbio e preposição
b) A conjunção
    Classificação das conjunções
    Locução conjuntiva
    Conjunções "correlativas"

A interjeição
   Locução interjetiva
Palavra, vocábulo e termo
Sincretismo, sincrético
Forma variante
Apêndice: Modelos de análise morfológica

3ª PARTE: SINTAXE
Sintaxe: conceito e divisão
Concordância
Regência
Colocação
Análise sintática
A oração
Os têrmos
Têrmos essenciais (sujeito e predicado)
O sujeito
O predicado
O predicativo
Predicação verbal
Têrmos integrantes (complementos)
O complemento nominal
Complemento nominal e adjunto adnominal
O objeto direto
O objeto indireto
O agente da passiva
Têrmos acessórios (adjuntos)
O adjunto adnominal
O adjunto adverbial
O apôsto
O vocativo
O período
Tipos de período
Composição do período
"Correlação e Justaposição"
Classificação das orações
Orações independentes coordenadas
Coordenadas sindéticas
Orações subordinadas

Orações subordinadas substantivas
Orações subordinadas adverbiais
Notas sobre as orações
Simplificação da nomenclatura
Apêndice: Modelos de análise sintática

APÊNDICE
Figuras de sintaxe
Gramática histórica
Ortografia
Pontuação
Significação das palavras
Vícios de linguagem

Bibliografia
Índice analítico
Correspondência terminológica

5. O posicionamento do autor em relação à "gramática"

O posicionamento de Luft em relação à gramática aparece diversas vezes diluído no texto da segunda edição da *Gramática resumida*. O autor, apoiado em Mattoso Câmara (1959), toma a gramática como disciplina/ciência que tem por fim a descrição do sistema de uma língua, ou *das formas atuais de uma língua em funcionamento, como meio de representação mental e comunicação social*.

Dito desse modo, e atentando para a expressão "formas atuais de uma língua em funcionamento", fica clara a postura favorável do autor em relação ao aspecto funcional e descritivo da gramática. No entanto, ele não deixa de reconhecer que, no trabalho com gramática, há também o aspecto normativo, que procura prescrever regras para determinar o que é o bem falar e o bem escrever, cujo parâmetro de qualidade está na proximidade da escrita dos considerados bons escritores. Dado que o autor assume desde o começo da obra uma postura funcionalista da gramática, o foco de seu trabalho será predominantemente descritivo.

O funcionalismo emerge no interior da chamada Escola de Praga, influenciado pelos estudos de lingüistas como Vilém Mathesius, Nikolai

Trubetzkoy e Roman Jakobson. Adotar uma postura funcionalista implica apreciar a diversidade de funções desempenhadas pela língua e reconhecer que são essas funções é que determinam a estrutura da língua.

Embora tenha um trabalho que abrange um âmbito maior, como o das funções da linguagem (cognitiva, expressiva e conativa — segundo Kahl Bühler), o funcionalismo ficou mais conhecido por seu trabalho no campo da fonologia, diferenciando, por exemplo, os fonemas como traços distintivos e criadores de sentido — relacionados, portanto, à função cognitiva da linguagem. Já ligados à função expressiva, estão os estudos de entonação e de outros traços supra-segmentais. Por sua vez, os estudos ligados às áreas fronteiriças que reforçam a identidade e a unidade sintagmática de palavras e frases estão associados à função demarcativa da linguagem. Evidentemente, essa noção de *marcação* estende-se à morfologia e à sintaxe, nas quais elementos marcados e elementos não-marcados são responsáveis pelo funcionamento e pela significação na língua.

Embora em alguns momentos apareçam na obra certas posturas de teor normativo, como é o caso da alusão aos "erros" de prosódia e de ortoepia — os quais se contrapõem a uma maneira "correta" de pronunciar os fonemas ou de localizar a acentuação tônica dos vocábulos —, não há dúvida de que prevalece o aspecto descritivo e funcional. Com efeito, isso se pode notar tanto no campo da fonética (fonologia), quanto no da morfologia, quanto no da sintaxe.

É o que se vê, por exemplo, quando Luft opta pelo termo *fonologia* em vez de *fonética*, uma vez que, enquanto esta se ocupa dos sons da língua em seu aspecto material e físico, aquela se volta para os elementos significativos, *funcionais* da linguagem. A postura funcionalista de Luft se vê quando expõe a possibilidade de variação em vez de priorizar a prescrição. É o que se percebe quando esclarece que:

> Há vocábulos átonos que eventualmente se podem tornar tônicos: quê (substantivado): tem um **quê de malicioso...** O mesmo que, em fim de frase (e em pausa, em geral): Queixava-se de **quê?** Doutorado em **quê?** Para **quê?**(...)
> Por outra, vocábulos mais encorpados, ordinariamente tônicos, podem, em certos "grupos de força" (cf. Mattoso Câmara) perder sua autonomia fonética, tornados átonos. Isto se dá por motivos semânticos ou de construção frásica.

Já no campo da morfologia, o aspecto funcional de sua gramática aparece quando o autor admite variações no uso efetivo da língua, especialmente na conjugação do pretérito perfeito, quando "o povo", às vezes, anexa desinências normais às segundas pessoas, criando formas como *fostes* (tu), *fosteis* (vós). Apesar de reconhecer que tais anexações são explicáveis pelo processo de analogia, Luft não deixa também de reconhecer que tais construções constituem "erro".

Ainda no âmbito da morfologia, baseando-se em Saussure, Luft reconhece que há dificuldades para distinguir entre raiz e radical, e que tal dificuldade se dá porque não se prioriza no ensino o aspecto funcional da linguagem. Para o autor, *em Gramática, não há outra base para destacar raízes e radicais do que o sentido atual, o sentimento mais ou menos consciente — por parte dos falantes — da estruturação das palavras.* (cf. 64)

Luft reconhece que grande parte dos desencontros ocorridos nas análises gramaticais se deve ao fato da desconsideração da característica funcional da linguagem. Assim o é, por exemplo, a dificuldade em se tentar classificar a formação de palavras, sobretudo quando são formadas por advérbios ou preposições, que são simultaneamente palavras independentes, mas palavras vazias de significado. Daí decorre a dificuldade de classificação, na medida em que se oscila em situá-las como produto de uma composição ou de derivação prefixal. O mesmo tipo de dúvida aparece quando se procura classificar a formação de palavras pelo processo de aglutinação ou por hibridismo. Para Luft, tal procedimento é infrutífero para o falante, pois, com o passar do tempo, não só o conhecimento da origem de tais morfemas se perde, como também o falante comum deixa de ver a palavra como composta e passa a vê-la semanticamente como um bloco único.

Desse modo, conforme atesta Luft, *deve-se atender ao que o idioma produziu com seus próprios recursos (...). É preciso que haja consciência atual da composição.* (cf. 71). O autor ainda chama explicitamente a atenção para a necessidade de que a gramática se volte para os aspectos atuais e funcionais da língua. Isso se vê em longo depoimento:

> Ora, cremos que o único ponto de vista válido, em Gramática, é o do estado atual, do funcionamento contemporâneo da língua. A perspectiva histórica transcende o âmbito gramatical. Palavras como esquecer, cônsul, edifício, imbecil, admirar, residir, resistir, julgar, vingar, etc., são hoje percebidas como primitivas. Só a história e a etimologia podem demonstrar que eram derivadas. O estado atual da língua não fornece elementos à Gramática para decompô-las em raiz, prefixos ou sufixos.

Também para determinação de palavras simples ou compostas, o mais acertado, em Gramática, é seguir o critério funcional, sincrônico. Deve haver consciência de duas palavras fundidas numa só, para se poder falar em palavra composta. (...) "A gramática — ou será funcional, ou não será Gramática." (Cf. p. 73)

É essa mesma tecla do aspecto funcional que faz Luft apontar outras tantas incoerências da *Gramática* em outros pontos de sua composição, como na classificação de palavras, para a qual a Nomenclatura Gramatical Brasileira aponta critérios ora de natureza ora de função. Para o autor, as palavras não podem ser classificadas de forma cabal, caso não estejam devidamente colocadas em um contexto determinado, no qual se possa analisar a língua em funcionamento.

A mesma abordagem faz o autor no âmbito da sintaxe, principalmente no caso da sintaxe de colocação, sobre a qual afirma:

> É preciso evitar, no respeitante à colocação dos pronomes oblíquos, a multiplicação de "regras" (geralmente de índole lusitana) que não têm base na prática da língua. Os melhores árbitros são o uso geral, e o ouvido educado na leitura dos artistas e no linguajar da sociedade bem-falante. (Cf. p.125)

Em outro ponto da exposição do autor sobre a sintaxe de colocação, é possível notar, à p. 126, sua posição descritiva e funcional, ao admitir que, *na linguagem familiar e popular do Brasil, é freqüente a próclise em cabeça de frase:* **Me** *passe o livro (...) Esse fato se dará na língua escrita quando se desejar imprimir um tom popular ou familiar ao estilo.*

Sua postura em relação à gramática é predominantemente descritiva, sem, no entanto, perder de vista o lado normativo. Tal posição funcionalista de gramática reverbera por toda a obra, posição esta certamente fundamentada nos estudos de Eugenio Coseriu (1959), nos quais o lingüista romeno aponta para a existência de uma língua abstrata e uma língua real, concreta. Aquela diz respeito à língua dicionarizada, cristalizada nos textos de autores considerados modelos de exemplaridade; esta, por sua vez, refere-se à língua em uso em determinada sociedade e, portanto, não é estática, regular e homogênea, mas aberta às variações possíveis, geradas pelos mais diversos fatores, desde os estilísticos e individuais, até os geográficos, temporais e econômicos, enfim, os aspectos de ordem mais geral. Atento a uma concepção de língua avançada para o seu tempo, Luft a adota para tecer suas considerações sobre gramática.

6. O posicionamento do autor em relação ao ensino de língua

É possível afirmar que o ensino de língua sempre foi uma preocupação constante na vida pessoal e profissional de Luft. Considerações suas a esse respeito são percebidas ao longo de sua fecunda obra, como ilustra o trecho a seguir:

> O que me preocupa profundamente é a maneira de se ensinar a língua materna, as noções falsas de língua e gramática (...), a postura opressora e repressiva e alienante desse ensino, como em geral de todo o nosso ensino em qualquer nível e disciplina (...). (Luft, 1985)

A citação acima consta de um livro publicado já em 1985, quando Luft, no auge de sua maturidade intelectual, põe-se a questionar as concepções de língua e de ensino. Os adjetivos por ele utilizados representam bem o que era o ensino de língua portuguesa em sua época: produto de uma postura opressora, repressiva e alienante.

Também na segunda edição da *Gramática resumida*, lançada duas décadas antes do *Língua e liberdade*, já referido, o autor deixa clara sua posição em relação ao modo como tem se realizado o ensino de português no Brasil,

> um país em que tanto se tem abusado das "análises lógicas"; onde a análise se tem tornado verdadeira especialização esotérica, temível cavalo-de-batalha didático, meio universal de aquilatar conhecimentos de vernáculo. Não há exame ou concurso sem esses métodos verdadeiramente charadísticos e aleatórios de apurar se o candidato sabe Português, isto é se sabe desfechar nomes e termos. Cogita-se de verificar se o cidadão sabe análise, pouco interessando ver se conhece e domina eficientemente o idioma.
> No ensino, perde-se em sutilezas e bizantinices de gramática um tempo que se devia ganhar na leitura formativa, composição e análise literária. Já é tempo de abandonar um vezo tão anacrônico. Está na hora de ensinar a língua, em vez de amontoar termos e regras inúteis. Existe aí uma coleção de clássicos ("Nossos Clássicos" — Ed. Agir), em pequenas antologias, que pode ser o ponto de partida para um verdadeiro estudo da língua — o estudo pelos textos; ponto de partida para uma nova análise (nova entre nós): a *análise literária*. Análise fecunda e formativa, que leva à meditação, à cultura, à criação, e não a ladainhas estéreis de nomes, teorias e memorizações. (Cf. p.166)

Já em plena década de 1960, quando o ensino de língua ainda era de tal modo centrado no ensino de gramática, que se confundia um com o outro, é de causar admiração o fato de Luft vislumbrar isso como um problema que o preocupava profundamente. Na segunda edição da *Gramática resumida*, o autor baseia-se em Ferdinand Brunot[2] para afirmar que a escola deve ensinar a língua e não a gramática (cf. XV). De modo explícito, Luft considera que *todas as pessoas sensatas deveriam querer o mesmo*. Nesse sentido, é que o autor assevera que *o que importa é o efetivo conhecimento do idioma, e não de mil e uma teorias estéreis. E conhecer a língua é saber usá-la com justeza e elegância, e não analisá-la ou decorar regras fantasistas.* (cf. XV)

Disso decorre que, sem que se despreze o ensino de gramática, para Luft, o ensino que promove uma postura libertadora, produtiva e engajada é aquele que se preocupa com o estado real de uso da língua. De acordo com o autor,

> o tempo que se forrou à gramática deverá ser invertido em exercícios de composição oral e escrita, leitura, análise literária, explicações de texto, declamação e outros semelhantes. Menos memorização servil, menos análises gramaticais — e mais, muito mais análises literárias, redações, leituras expressivas. Mais prática, enfim. (cf. XV)

É importante frisar que Luft não despreza o ensino de gramática, apenas defende o fato de que o ensino deve estar voltado para o domínio da língua, e não necessariamente de gramática. Ele mesmo afirma que

> ...toda pessoa bem educada deve saber sua gramática. Como e onde a aprenda não vem ao caso. E, se é certo que o essencial dela vem do convívio com pessoas educadas, com a sociedade bem falante, muita outra coisa só aprendemos nesses injuriados livros chamados gramáticas. E todos sabem que sòmente as pessoas que as manuseiam inteligentemente têm um domínio seguro e autorizado da língua. O melhor desta não há dúvida que se assimila nos grandes escritores, mas nem tudo se aprende com eles. (cf. XVI)

---

[2] Ferdinand Brunot foi um autor francês dedicado ao estudo da língua francesa e publicou obras como: *Histoire de la langue française — des origines a 1900* (Paris: Colin, 1927); *La Lensée et la langue française*. (Paris, 1936); *Précis de gramaire historique de la langue française* (Paris: Masson et Cie., 1964).

Não é preciso muito esforço para perceber a postura equilibrada de Celso Pedro Luft em relação ao ensino de língua. Ao mesmo tempo que propugna que se deve ensinar a língua, com seu funcionamento e formas atuais, não deixa de ressaltar a importância do ensino da gramática nesse processo. Isso se reforça principalmente quando o autor afirma que muitas coisas só se aprendem nesses "injuriados livros chamados gramáticas", ou ainda quando ele associa o bom manuseio de gramática ao "domínio seguro e autorizado da língua".

De igual modo, ressalta-se facilmente a distinção que o autor faz entre aprender a língua e aprender a gramática. Se, por um lado, "muita outra coisa só se aprende nesses injuriados livros chamados gramáticas", por outro, o essencial dela (da língua) "vem do convívio com pessoas bem educadas, com a sociedade bem falante". Mais adiante, referindo-se diretamente à língua, o autor diz que "o melhor desta não há dúvida que se assimila nos grandes escritores".

Embora possa parecer que Luft mantém o padrão de correção lingüística essencialmente atrelado ao uso dos "grandes escritores", na ressalva que ele faz ao final do parágrafo ("...mas nem tudo se aprende com eles"), fica claro que o autor não reduz o domínio do lingüístico ao domínio da norma culta, utilizada pelos escritores considerados bons. Ao longo da *Gramática resumida*, é possível notar diversas referências ao uso lingüístico familiar, popular — igualmente válido. Isso demonstra que Luft, já há vinte anos, tinha lampejos do que viria a ser desenvolvido e designado como Educação Lingüística, da qual falaram Evanildo Bechara (1978), João Wanderley Geraldi (1984), Sírio Possenti (1996), Luiz Carlos Travaglia (2003), dentre outros, e sobre a qual vêm refletindo alguns grupos de pesquisa filiados à PUC-SP, a saber: GELEP — Grupo de Educação Lingüística e Ensino de Português — (liderado pela professora Anna Maria Marques Cintra) e GPELF — Grupo de Pesquisa e Ensino em Lingüística Funcional — (liderado pela professora Dieli Vesaro Palma).

Considerações finais

A Educação Lingüística, assim como a entende Palma (2006 — inédito), pode ser compreendida como

> processo de aprendizagem que visa a tornar o indivíduo capaz de utilizar a língua materna, conscientemente, nas diferentes situações comunicativas presen-

tes na vida em sociedade, como forma de possibilitar o seu desenvolvimento integral, garantindo-lhe a cidadania plena. O objetivo é focalizar-se, de forma harmoniosa, em saberes pedagógicos e saberes lingüísticos, envolvidos nesse processo educativo, garantindo a diferença entre o saber científico, o saber a ensinar e o saber ensinado(...)

Não é de hoje que o ensino de Português vem se resumindo a ensino de gramática: Luft já apontara isso na sua *Gramática resumida*. Isso, que já vem desde o século retrasado, fica claramente exposto na pesquisa realizada por Maria Helena Moura Neves (1994), que constatou que a quase totalidade do tempo destinado à formação básica do estudante brasileiro é dedicada ao estudo de gramática. Anos e anos destinados a decorar nomenclatura, a exercícios de classificação e, por fim, a inculcação da chamada variante culta da Língua Portuguesa.

Essa forma de ensino da língua tem trazido resultados desastrosos para a educação nacional. Os indicadores da qualidade de leitura dos brasileiros têm sido vergonhosos tanto no âmbito nacional quanto no internacional: o Relatório PISA, por exemplo, situa o Brasil entre os últimos colocados em habilidades de leitura. Por sua vez, o INAF (Indicador Nacional de Alfabetismo Funcional) escancara a realidade e revela que 75% dos brasileiros entre 15 e 64 anos estão entre os índices insuficiente e básico de leitura.

Isso talvez seja um bom retrato do que previu Evanildo Bechara (1978): que o ensino de gramática, limitado a uma norma exclusiva, em vez de trazer liberdade e de desenvolver a capacidade lingüística, provoca opressão. É em sentido contrário a este que se coloca a questão da Educação Lingüística: para usar palavras do próprio Evanildo Bechara, o papel do professor de Português é tornar o aluno um "poliglota em sua própria língua". Essa proposta está diretamente relacionada ao que escrevera Luft na década de 1960 — e que já citamos anteriormente: *Menos memorização servil, menos análises gramaticais — e mais, muito mais análises literárias, redações, leituras expressivas. Mais prática, enfim.* (cf. XV). Ou, ainda: *Está na hora de ensinar a língua, em vez de amontoar termos e regras inúteis.* (cf. 166)

Note-se que já há em Luft uma preocupação formativa, que se distingue daquela que visa apenas à informação. Já citamos aqui e reiteramos o pensamento de Luft no sentido do que deveria ser o estudo de Português: *um verdadeiro estudo da língua — o estudo pelos textos; ponto de partida para uma nova análise (nova entre nós): a análise literária. Análise fecunda e for-*

mativa, que leva à meditação, à cultura, à criação, e não a ladainhas estéreis de nomes, teorias e memorizações. (Cf. p.166)

É justamente isso que propõe Palma (2006), quando se refere ao fato de a Educação Lingüística dever se preocupar com o papel do domínio competente da Língua Portuguesa no desenvolvimento integral do estudante, garantindo-lhe plena cidadania.

Do que foi exposto, fica clara a adequação da postura pedagógica de Celso Pedro Luft. Com efeito, sua postura teórica também encontra eco nas pesquisas atualmente desenvolvidas. Lembremos aqui que Luft, à página 73 da obra aqui analisada, afirma que "*A gramática — ou será funcional, ou não será gramática*". Avançados os estudos na linha do Funcionalismo lingüístico, atualmente, pesquisadores como Maria Helena de Moura Neves (1997) têm se dedicado à gramática funcional, entendendo que ela

> é funcional porque não separa o sistema lingüístico e suas peças e funções que têm de preencher, e é dinâmica porque reconhece, na instabilidade da relação entre estrutura e função, a força dinâmica que está por detrás do constante desenvolvimento da linguagem. (cf. NEVES, 1997:3)

Não são poucos os exemplos na *Gramática resumida* em que se vê seu autor adotando uma postura funcionalista, em detrimento de um normativismo que se via em expoentes como Rocha Lima e Celso Cunha. A consideração das possibilidades de variação no uso da Língua Portuguesa, conseqüência da aguda observação do funcionamento real da língua (ou *sincrônico*, como dizia Luft, adotando Saussure), é também um importante fator de aproximação, de adequação da postura teórica de Celso Pedro Luft aos estudos que atualmente se realizam.

Por fim, a adoção de concepções da teoria lingüística como apoio para os estudos da Língua Portuguesa também é outro ponto que nos permite realizar a aproximação de Luft aos nossos dias. Vimos que ele se valeu do Estruturalismo e do Funcionalismo para fundamentar suas posições. Do mesmo modo, vemos hoje uma postura semelhante no caso da *Moderna gramática portuguesa*, de Evanildo Bechara (2002), em que se vê claramente a adoção de teorias lingüísticas recentes dando suporte às reflexões do autor, que mescla, assim como Luft, uma postura normativa a uma postura funcionalista.

Dada a sua grande importância para o momento em que foi publicada, *Gramática resumida*, de Celso Pedro Luft, constitui-se como uma obra de inestimável valor não só para a compreensão de seu tempo, mas também para lançar luzes a muitas das que viriam a ser discussões realizadas no final do século XX e no início do XXI.

Referências bibliográficas

COSERIU, Eugenio. *Sincronía, diacronía e história*. Montevidéo: 1959.
GERALDI, João Wanderley. *O texto na sala de aula*. Cascavel, PR: Assoeste, 1984.
GUIMARÃES, Eduardo & ORLANDI, Eni Pulcinelli (orgs.). *Língua e cidadania — o português no Brasil*. Campinas, SP: Pontes, 1996.
LUFT, Celso Pedro. *Gramática resumida*. Porto Alegre: Globo, 1960.
_____. *Gramática resumida — de acordo com a nomenclatura gramatical brasileira*. 2ª ed. Porto Alegre: Globo, 1963.
_____. *Moderna gramática brasileira*. Porto Alegre: Globo, 1974.
_____. *Língua e liberdade*. Porto Alegre: Globo, 1985.
MATTOSO CÂMARA Jr., Joaquim. *Problemas de Lingüística Geral*. Rio de Janeiro: Acadêmica, 1959.
MENEGAT, Clarice Teresinha Arenhart. *Gramática e Lingüística na obra de Celso Pedro Luft*. Santa Cruz do Sul, RS: IPR, 2006.
NEVES, Maria Helena Moura. *Gramática na escola*. São Paulo: Contexto, 1994.
_____. *A gramática funcional*. São Paulo: Contexto, 1997.
POSSENTI, Sírio. *Por que (não) ensinar gramática na escola*. Campinas, SP: Mercado de Letras, 1996.
SAUSSURE, Ferdinand de. *Cours de linguistique générale*. Paris: 1955.
TRAVAGLIA, Luiz Carlos. *Gramática — ensino plural*. São Paulo: Cortez, 2003.
WEREBE, Maria José Garcia. *Grandezas e misérias do ensino no Brasil*. São Paulo: Ática, 1994.

CAPÍTULO 5

Percurso gramaticográfico de Celso Cunha: da *Gramática do português contemporâneo* à *Nova gramática do português contemporâneo*

Maurício Silva (IP-PUC/SP – UNINOVE)
Sônia Nogueira (IP-PUC/SP – UEMA)

Introdução

A década de 1880 marca, no Brasil, a inauguração de uma série de fenômenos socioculturais que terão conseqüência direta na formação de uma nova mentalidade nacional. Se, desde o começo do século XIX, a ascensão da burguesia e o desenvolvimento dos primeiros grandes centros urbanos foram responsáveis pela instauração, no país, de uma sociabilidade mais dinâmica, é no limite das *idéias* que as transformações pareciam adquirir contornos inéditos, numa escalada sem precedentes rumo a novas formas de se pensar a nação: do Positivismo de Comte ao Socialismo de Proudhon, do Determinismo de Spencer ao Evolucionismo de Darwin, não foram poucas as idéias que por aqui se disseminaram, ganhando força tanto no âmbito das artes quanto no da ciência.

Esse inusitado caldo de cultura que aqui se instalara foi, igualmente, responsável pelo surgimento de um novo ideário educacional e lingüístico, que — a partir da publicação da célebre *Grammatica portugueza* de Júlio Ribeiro, em 1881 — acabaria por influenciar de forma definitiva toda a produção gramaticográfica nacional, alcançando repercussão até os dias atuais, notavelmente no que concerne à escritura gramatical. Com efeito, apesar do inegável avanço dos estudos lingüísticos no Brasil do último século, não é incomum encontrarmos, nas principais gramáticas brasileiras, indícios flagrantes de conceitos e abordagens que muito devem àqueles momentos inaugurais de nossa gramaticografia científica.

Mas se todo esse empenho epistemológico serviu de estopim para o desenvolvimento de nossos estudos gramaticais, não é menos verdade que, a partir de meados do século XX, nossa gramaticografia conheceu um inigualável avanço, ocasionando o aparecimento de autores de relevo dentro do universo brasileiro da escritura gramatical. Entre os nomes de expressão que podemos citar, destaca-se o de Celso Cunha, cujas gramáticas figuram entre as mais importantes e inovadoras da segunda metade do século passado.

Apoiando-se, do ponto de vista teórico, nos princípios metodológicos estabelecidos pela Historiografia Lingüística (KOERNER, 1989; KOERNER, 1996; SWIGGERS, 1989; ALTMAN, 2001; BASTOS, 2004; NASCIMENTO, 2005), o objetivo deste capítulo é exatamente estudar os mais proeminentes momentos do percurso gramaticográfico de Celso Cunha, destacando algumas das linhas de força teóricas que deram sustentação ideológica ao seu trabalho e avaliando, em especial, o resultado efetivo a que o filólogo e gramático mineiro chegou no final desse trajeto.

1. Educação lingüística e gramática: o contexto histórico

A produção gramaticográfica de Celso Cunha concentra-se, a rigor, nas décadas de 1970 e 1980, sendo portanto o resultado de fatos históricos que se estenderam por toda a segunda metade do século XX. Alcançam particular interesse, no âmbito dos acontecimentos históricos desse período, aqueles que possuem relação direta com o contexto educacional brasileiro, na medida em que entendemos a gramática como fenômeno particularmente vinculado ao aprendizado de um idioma, que, por sua vez, resulta de uma determinada política lingüística. Nesse sentido e em consonância com os princípios metodológicos proclamados pela Historiografia Lingüística, não se pode desvincular o estudo da gramática, tal como o concebemos aqui, de seu contexto externo, responsável não apenas por sua confecção como produto lingüístico propriamente dito, mas também pelo recorte teórico que lhe confere sustentação ideológica.

Desse modo, são de particular interesse para a configuração do contexto educacional do período alguns episódios ocorridos ainda na primeira metade do século XX e que teriam incidência direta no conjunto de medidas legais que, décadas depois, marcariam de modo indelével a educação nacional. Merecem destaque, por exemplo, as inúmeras alterações que, a partir da década de 1930, acabaram definindo as principais diretrizes educacionais para o período, como a criação do Ministério da Educação e Saúde Pública (1930); os atos reformatórios de seu primeiro Ministro da Educação, o mineiro Francisco Campos, que, seguindo de perto os postulados da Escola Nova (trazida para o Brasil por Anísio Teixeira e Fernando de Azevedo), viabiliza a unificação nacional do ensino e promove alterações no ensino secundário comercial; a reforma do ensino universitário, realizada pelo terceiro Ministro da Educação, Gustavo Capanema, resultando na criação da Universidade do Brasil (posteriormente Universidade Federal do Rio de Janeiro); a elaboração de uma proposta pedagógica (Portaria 614, de 10/05/1951), realizada pelo Colégio Pedro II, que serviria de modelo para os estabelecimentos de ensino secundário no país, dando origem, entre outras coisas, à diminuição dos estudos puramente gramaticais e ao aumento das práticas de leitura e de interpretação de textos.

Episódios mais diretamente ligados à educação lingüística foram, igualmente, determinantes para a conformação de condições propícias ao surgimento de uma nova gramaticografia a partir da segunda metade do século passado. A começar por um dos episódios mais relevantes para essa nova fase dos estudos da língua portuguesa: a oficialização da Nomenclatura Gramatical Brasileira, em 1959, que influenciaria de modo cabal a confecção das gramáticas ao longo desse período (BALDINI, 1998; ORLANDI, 2002). Outros fatos importantes são a criação da Lei de Diretrizes e Bases para a Educação Nacional, em 1961 (LDB 4024/61), por intermédio da qual o ensino de Português ganha maior consistência, passando a ser, ao lado de História e Matemática, a única disciplina obrigatória em todas as hipóteses de variedades admissíveis no ciclo ginasial; e, ao lado de História, a única no ciclo colegial (PILETTI, 1987); além dos desdobramentos dessa lei, representados pela LDB 5692/71, que valoriza o estudo da língua nacional em todo o território brasileiro, e pela LDB 9394/96, que, entre outras coisas, promove a criação de núcleo curricular comum.

Em especial no que compete à educação lingüística, justamente aquela que estabelece vínculos mais intensos com a questão da escritura gramatical, convém ressaltar, antes, a criação das primeiras universidades brasileiras, com a conseqüente elaboração dos cursos de Letras (1934-1939) (FIORIN, 2007); e, depois, fatos conseqüentes, como a resolução do Conselho Federal de Educação de implantar a disciplina de Lingüística nos cursos de Letras das faculdades (1962), bem como a definição da Lingüística como campo de atuação distinto dentro dos estudos da linguagem humana (1968) (ALTMAN, 1998).

Em maior ou menor grau, esses acontecimentos acabaram desencadeando uma série de fatos subseqüentes, responsáveis pela formação de uma nova etapa da gramaticografia nacional, na qual se insere a figura de Celso Cunha e toda sua produção na área.

2. Percurso gramaticográfico de Celso Cunha

Tendo atuado ativamente junto a projetos, universidades e instituições diversas, tanto dentro quanto fora do Brasil (MATEUS, 2002), Celso Cunha afirmou-se, a partir da segunda metade do século XX, como um dos principais estudiosos da língua portuguesa, tendo legado às gerações seguintes não apenas uma série de publicações no âmbito da Filologia, da Estilística, da Crítica Literária e da produção didática, mas, sobretudo, na área que foi a verdadeira responsável pela difusão de seu nome e reconhecimento de seu trabalho: a gramaticografia.

Sua produção, nesse campo, pertence àquele período de nossa tradição gramatical que, segundo Eduardo Guimarães, vai da década de 1930 até meados da década de 1960, caracterizado, por exemplo, pela fundação das Faculdades de Letras da Universidade de São Paulo (1937) e da Universidade do Brasil (1939), além da elaboração da Nomenclatura Gramatical Brasileira (1958) (GUIMARÃES, 1996). Trata-se mais ou menos do mesmo período, denominado *lingüístico* (1941-2000), em que, segundo Ricardo Cavaliere, destaca-se entre outras coisas pela consolidação da Lingüística como disciplina autônoma (CAVALIERE, 2001). Já segundo Leodegário Filho, Celso Cunha faria parte da terceira geração do período científico (século XX) da gramaticografia nacional, ao lado de nomes como os de Mattoso Câmara, Serafim da Silva Neto, Sílvio Elia, Gladstone Chaves de Melo, Antônio Houaiss, Silveira Bueno e outros (FILHO, 1998).

A produção gramaticográfica de Celso Cunha data, porém, de meados do século XX, apresentando-se ainda de forma incipiente, com seus primeiros manuais e gramáticas destinados, sobretudo, ao ensino da Língua Portuguesa (*Português elementar*, de 1948; *Manual de português: Curso de admissão*, de 1958; *Manual de português: 3ª e 4ª Séries Ginasiais*, de 1958; *Gramática moderna*, de 1970, entre outros). São trabalhos, por assim dizer, inaugurais, mas que, apesar disso, já apontavam para uma produção de maior fôlego teórico e alento didático. Evidentemente, o fato de se tratar de estudos propedêuticos não desmerece o resultado alcançado, atuando, ao contrário, como ato fundador da gramaticografia de Celso Cunha. Prova disso é o reconhecimento da importância dessa parcela de seu legado pela crítica mais conceituada: nas palavras de Luciana Picchio, por exemplo, seu *Manual de português* teria sido o "progenitor de uma família de gramáticas que tornaria o nome de Celso Cunha conhecido em todos os lugares do mundo em que se estudasse o português" (PICCHIO, 1995); enquanto que para Cilene da Cunha Pereira esse e outros livros do mesmo naipe seriam os responsáveis diretos pela produção de suas principais gramáticas (PEREIRA, 1995a).

O fato é que, após esses primeiros *exercícios de gramaticografia*, Celso Cunha produziu suas mais importantes obras na área, a começar pela *Gramática do português contemporâneo* (1970), passando pela *Gramática da Língua Portuguesa* (1972) e pela *Gramática de base* (1979), até chegar, em parceria com o filólogo e gramático português Lindley Cintra, à *Nova gramática do português contemporâneo* (1985) (PEREIRA, 1993; PEREIRA, 1995b).

Embora teoricamente todas elas estivessem imbuídas das mesmas intenções fundamentais (o estudo e ensino da Língua Portuguesa no Brasil), não se pode negar que, na prática, possuíam perfis ideológicos sutilmente distintos, o que se pode depreender, entre outras coisas, da observação dos exemplos, isto é, das abonações empregadas para justificar determinada regra gramatical. Assim, num espectro genérico, enquanto a primeira (GPC, 1970) mantém um posicionamento ideológico de centro (com exemplos retirados de autores brasileiros e portugueses, dos séculos XIX e XX); a segunda (GLP, 1972) e a terceira (GB, 1979) tendem mais a um conservadorismo (autores brasileiros e portugueses, dos séculos XIX e XX, mas exclusivamente falecidos); finalmente, a quarta (NGPC, 1985) revela uma tendência maior ao liberalismo (autores brasileiros, portugueses e africanos, dos séculos XIX e XX, vivos ou falecidos) (HENRIQUES, 2004).

Apenas esse quadro já denota, presumivelmente, diferenças mais agudas que porventura possam existir entre as gramáticas de Celso Cunha. É o que, entre outras coisas, pretendemos demonstrar em seguida.

3. As gramáticas de Celso Cunha: uma introdução

Considerando a época áurea da produção gramatical de Celso Cunha, isto é, aquela que se estende de 1970 até 1985, são quatro as gramáticas aqui analisadas.

A primeira delas, sua célebre *Gramática do português contemporâneo*, serviu de fato como modelo para as posteriores. Tendo sido publicada pela primeira vez em 1970, alcançou sua décima edição em 1983, quando, dois anos depois, é substituída, pode-se dizer, pela *Nova gramática do português contemporâneo*. Em *advertência* datada de 1969 e publicada na primeira edição, Celso Cunha esclarece os objetivos principais de sua obra, nos seguintes termos:

> quisemos apresentar as características do português contemporâneo em sua forma culta, isto é, a língua como a têm utilizado os escritores brasileiros e portugueses do Romantismo para cá, dando, naturalmente, uma situação privilegiada aos autores dos nossos dias. Por outro lado, não descuramos dos fatos da linguagem coloquial, principalmente ao analisarmos os empregos e os valores afetivos das formas idiomáticas. Trata-se, pois, de uma tentativa, ainda que limitada, de descrição sincrônica da língua, pressuposto indispensável de uma gramática. (CUNHA, 1980:9)

Semelhante afirmação já denota as principais linhas de força da escritura gramatical de Celso Cunha, as quais, aliás, estarão presentes em toda sua produção subseqüente, sobretudo em sua última gramática: o propósito de apreender a língua portuguesa em sua forma culta, a preocupação com o registro coloquial e a concessão que faz aos fenômenos estilísticos.

A essa elucidativa passagem, o filólogo e gramático mineiro acrescenta a intenção de apresentar os *fatos da língua* de forma sistemática, embora não seja seu objetivo, afirma, escrever uma gramática de base estrutural ou funcional. Declarando seguir deliberadamente a Nomenclatura Gramatical Brasileira, reafirma seu propósito de "valorizar os meios expressivos do idioma", o que torna o livro, mais do que uma gramática, uma "estilística elementar do português contemporâneo" (CUNHA, 1980:10). Nesse sentido, o autor considera a necessidade de discorrer sobre os conceitos de *norma* e *correção lingüística*, colocando-se, no que tange a eles, contrário a atitudes anticorretistas radicais, manifestadas por aqueles que advogam a soberania do povo em matéria de linguagem. Baseando-se, em primeiro lugar, nas idéias do lingüista sueco Adolf Noreen, Celso Cunha apregoa a necessidade de haver, nesse campo, um equilíbrio, em que nem se valorize o registro lingüístico colhido exclusivamente nos grandes clássicos da língua, nem se deixe a língua, anarquicamente, em completa liberdade. Para ele, ao contrário dessas duas tendências antípodas, é preciso valorizar a expressão lingüística que alie *simplicidade* e *inteligibilidade*. Apoiando-se, em seguida, em Otto Jespersen, lembra, no entanto, que tudo isso tornar-se-á insuficiente, caso não se leve em conta o conceito de *norma lingüística*, isto é, um conjunto de regras coercitivas, socialmente aceito e que desempenhe um papel regulador da linguagem. É, portanto, necessário levar em conta, na consideração da linguagem, tanto a variedade individual quanto a variedade coletiva — como sugere Eugenio Coseriu —, sem nos esquecermos de que a unidade lingüística — como defende Roman Jakobson — permite a ocorrência de sistemas simultâneos com suas respectivas normas. Daí ser necessário acatar, no que diz respeito à idéia de correção lingüística, o critério de *aceitabilidade social*.

Tais afirmações, colhidas nas páginas de abertura da obra de Celso Cunha, revelam, a um só tempo, tanto seu perfil conservador — na medida em que o autor reserva para sua gramática o papel de sistematizador de fatos lingüísticos apreendidos na observação da norma culta — quanto seu aspecto mais inovador, uma vez que, rejeitando qualquer radicalismo purista, opta por considerar não apenas o registro coloquial e afetivo da linguagem, mas também conceitos renovadores de aceitabilidade e inteligibilidade. Daí o fato de podermos situá-lo, ideologicamente, numa posição moderada, como aliás ele próprio fazia questão de reconhecer:

> entre as atitudes extremadas — dos que advogam o rompimento radical com as tradições clássicas da língua e dos que aspiram a sujeitar-se a velhas normas gramaticais —, há sempre lugar para uma posição moderada, termo médio que represente o aproveitamento harmônico da energia dessas forças contrárias e que, a nosso ver, melhor consubstancia os ideais de uma sã e eficaz política educacional e cultural verdadeiramente brasileira. (CUNHA, 1980:13)

Embora avançadas, mesmo para a época em que foram escritas — na medida em que ainda prevaleciam tendências lingüísticas presentes na gramaticografia anterior à Nomenclatura Gramatical Brasileira, representadas por Napoleão Mendes de Almeida, Silveira Bueno, Rocha Lima e outros (SILVA, 2007) —, as idéias de Celso Cunha não ficaram isentas de críticas, nem sempre justas, como as que proferiu Hildo Couto (COUTO, 1994), ao afirmar que Celso Cunha, particularmente nessa obra, teria feito citações apenas de clássicos da língua portuguesa, quando se sabe que, na verdade, a referida gramática apresenta uma abundância de citações de autores modernos e contemporâneos. Posição mais moderada apresenta, no nosso entender, Carmen Agustini, que, embora reconheça o estatuto tradicionalista nessa gramática de Celso Cunha, uma vez que ela seria um instrumento de prática política voltado para a instituição de uma imaginária unidade lingüística, reconhece os avanços que emanam da relação de complementaridade entre gramática e estilística (AGUSTINI, 2004).

Após a publicação dessa primeira gramática de sucesso, Celso Cunha escreveu, ao longo da década de 1970, duas outras gramáticas que, embora possam ser consideradas um desdobramento desse seu trabalho inaugural, marcam mais um interregno em sua atividade gramaticográfica, a qual só será efetivamente retomada por sua última obra nesse campo, já na década de 1980. E isso se dá precisamente pelo fato de que tanto sua *Gramática da Língua Portuguesa* quanto sua *Gramática de base* apresentam um feitio destoante, em relação à primeira e à última de suas gramáticas.

Publicada pela primeira vez em 1972 pelo Ministério da Educação e Cultura (MEC) e pela Fundação Nacional de Material Escolar (FENAME), sua *Gramática da Língua Portuguesa* atinge a décima e última edição em 1983 (CUNHA, 1976b). Em *prefácio* à terceira edição, que sai revisada e atualizada em 1976, Augusto Luiz Duarte Lopes Sampaio (diretor executivo da FENAME) afirma que, nesta edição, substituíram-se alguns exemplos, buscando oferecer ao aluno "fatos da linguagem coloquial brasileira" (SAMPAIO, 1976:5). Pode-se dizer que, de modo geral, essa gramática assinala uma regressão tanto em relação à primeira (1970) quanto à última (1985), pois além de não apresentar um capítulo destinado às noções de versificação, que se encontra nas demais (embora apresente um capítulo intitulado "Noções Históricas", que não aparece nas outras), restringe a exemplificação dos fatos da língua a autores já falecidos. Outro episódio que torna limitado o alcance da obra em questão é o fato de Celso Cunha não ter escrito nenhuma advertência, apresentação ou prefácio para esta gramática, o que não acontece com nenhuma outra de sua autoria.

Sete anos depois, Celso Cunha publica sua *Gramática de base* (1979), que atinge a nona edição em 1985, ano da publicação de sua gramática de maior sucesso. Em *apresentação* à quarta e última edição (1986), o autor afirma ser esta gramática uma "versão resumida da *Gramática* [*da Língua Portuguesa*], sem prejuízo, no entanto, de suas características básicas". E completa:

> como na obra anterior, procuramos apresentar os principais traços da modalidade culta do português contemporâneo, isto é, a língua como a têm utilizado

os escritores brasileiros e portugueses do Romantismo para cá, dando naturalmente uma situação privilegiada aos autores do século XX. (1986a:6)

Essas palavras, que retomam quase literalmente as da advertência de sua primeira gramática, não significam que o autor tenha abandonado a linguagem oral, como ele mesmo procura esclarecer em nota de rodapé:

> parece-me justo que se realce, no ensino, a importância crescente da língua falada no mundo de hoje, mas sem minimizar (como fazem certos lingüistas) o alto papel desempenhado nas sociedades civilizadas pela língua escrita, que é, em última análise, o código que, nelas, consubstancia as normas do falar geral. (CUNHA, 1986a:7)

Embora se inspirando, agora, nas correntes funcionalistas, sobretudo aquelas capitaneadas por Jakobson e Martinet, essa sua obra revela, ao lado da anterior, um perfil ideológico mais conservador, talvez em razão — e aqui agimos por mera especulação — de ambas terem sido financiadas por instituições governamentais, com vista à adoção no ensino público, o que possivelmente tenha definido algumas escolhas feitas pelo autor no momento de sua confecção.

Datada de 1985[1], a mais completa e célebre gramática de Celso Cunha, escrita em parceria com o filólogo e gramático português Lindley Cintra, a *Nova gramática da Língua Portuguesa*, atinge sua segunda edição no mesmo ano do lançamento, embora a terceira apareça somente em 2001. Obra em que o premiado gramático alcança plena maturidade e consciência de seu papel como intelectual e pesquisador da linguagem, nesse livro Celso Cunha consegue aliar sólida base teórica e precisão na fatura. E se é certo, por um lado, que aqui ele retoma o ideário que serviu e fundamentou a escritura de sua primeira gramática, 15 anos antes, é certo também que agora o eminente lingüista apresenta-nos uma série de avanços e propostas inovadoras, o que contribuiu definitivamente para a consolidação de seu nome entre os mais importantes gramáticos da Língua Portuguesa de todos os tempos.

Em *prefácio* à primeira edição, Celso Cunha lembra que, há muito tempo, havia planejado, com Lindley Cintra, escrever uma gramática que le-

---

[1] Há, ainda, uma edição portuguesa integral da *Nova gramática do português contemporâneo*, datada de 1984; e uma edição portuguesa resumida, intitulada *Breve gramática do português contemporâneo*, datada de 1985.

vasse em conta as diversas normas vigentes dentro do domínio geográfico da Língua Portuguesa, mas teria se deparado com a falta de estudos de descrição do português contemporâneo. Atualmente, completa, vários estudos nesse sentido já foram realizados (Mattoso Câmara, Oscar Lopes, Maria Helena de Moura Neves etc.), embora todos eles estejam preocupados principalmente com um dos registros dialetais do português (o brasileiro ou o europeu), o que tornou necessária a publicação de uma gramática que buscasse confrontar os dois registros. Nesse sentido, o objetivo da presente gramática pode ser definido da seguinte maneira, segundo as palavras do próprio Celso Cunha:

> trata-se de uma tentativa de descrição do português atual na sua forma culta, isto é, da língua como a têm utilizado os escritores portugueses, brasileiros e africanos do Romantismo para cá, dando naturalmente uma situação privilegiada aos autores dos nossos dias. Não descuramos, porém, dos fatos da linguagem coloquial, especialmente ao analisarmos os empregos e os valores afetivos da formas idiomáticas. (CUNHA e CINTRA, 1985:XIV)

Essas palavras, que mais uma vez recuperam o propósito já expresso na *Gramática do português contemporâneo* e na *Gramática de base*, são completadas pela indicação de que, do ponto de vista metodológico, prevaleceu o objetivo de revelar a unidade da Língua Portuguesa dentro de sua diversidade natural, sem esquecer, portanto, as diferenças no uso entre as modalidades nacionais e regionais do idioma, esse certamente o principal diferencial dessa obra em relação às anteriores. Além disso, com exemplos retirados de autores não apenas do Brasil e Portugal, mas também de países africanos, Celso Cunha busca valorizar os meios expressivos da frase, tornando a gramática, como procurou demonstrar Benilde Caniato, "uma estilística elementar do português contemporâneo", em que se destacam os valores afetivos da frase (CANIATO, 2001:56).

Avesso aos purismos lingüísticos no que concerne ao universo da linguagem, portanto, Celso Cunha faz de sua gramática um espaço privilegiado para a prática das inovações que sempre defendeu do ponto de vista teórico. Desse modo, ele não apenas promove um ato deliberado contra os ímpetos puristas dos gramáticos anteriores, como também insere seu trabalho na ampla discussão em torno da questão do português brasileiro, como se pode constatar nas palavras contundentes retiradas de um de seus célebres estudos teóricos:

toda a questão da "língua brasileira" se resume, ainda hoje, na luta contra as regras inflexíveis dos puristas, dos gramáticos retrógrados, sempre contrários a inovações e defensores de um desarticulado sistema idiomático, simples mosaico de formas e construções colhidas em épocas diversas do passado literário. É, em suma, um ato de rebeldia contra uma ordem arbitrariamente estabelecida, uma tentativa de libertação não só do artista, impedido de escolher seus meios expressivos, mas do falante e do escritor comum, obrigado a não participar da cultura ambiente por lhe negarem a utilização das formas lingüísticas exigidas pela vida cotidiana. (CUNHA, 1986b:25; CUNHA, 1976a)

Ato de rebeldia, no sentido aqui exposto, é também a escrita de uma gramática que não apenas leve em consideração os registros lingüísticos cultos dos três continentes em que o português é mais falado, mas também faça diversas concessões ao coloquialismo e aos fatos lingüísticos advindos, de modo geral, da oralidade.

É nesse sentido, portanto, que, em concordância com o que expõe Ivo Castro, podemos considerar em especial essa obra de Celso Cunha uma *não-gramática*, isto é, uma gramática que, assentando-se teórica e ideologicamente na idéia de diversidade das normas, no conceito de aceitabilidade social e na perspectiva da interação entre os registros culto e popular, propõe um outro olhar sobre a Língua Portuguesa e a realidade de seus utentes:

> esta gramática é normativa, isto é, procura não deixar qualquer dúvida ao leitor sobre o grau de obrigatoriedade, facultatividade ou inadmissibilidade de determinada forma ou construção. Mas não toma para critério desses juízos nem a norma padrão brasileira, como acontecia nas gramáticas anteriores, nem a norma padrão portuguesa: em vez disso, toma por campo *todas* as variantes da língua portuguesa, o que obriga a ter especial cuidado com os pontos em que entre elas se registram divergências, preceituando diversamente para cada variedade. São para isso determinantes as exemplificações, recolhidas em escritores brasileiros, portugueses e africanos, pois elas fornecem o principal critério da aceitação de determinada forma. Contra certos receios, verificou-se na prática que pouca ou nenhuma dificuldade resulta de uma gramática normativa que promove, ao mesmo tempo e em igualdade, normas relativamente diversas e que se acham em processo normal de diversificação. Se considerarmos, em termos tradicionais, que uma gramática normativa emite directivas unidireccionais, então esta será uma não-gramática. (CASTRO, 1993:28)

Inovadora em muitos aspectos, essa gramática de Celso Cunha — como, até certo ponto, também ocorre com as anteriores — apresenta muitas semelhanças com gramáticas mais recentes, o que apenas reafirma sua posição como um gramático inovador, em consonância com seu tempo e aberto às novidades teóricas. É, pelo menos, o que se depreende da simples comparação entre essa obra e alguns pressupostos teórico-ideológicos presentes em gramáticas de outros autores.

Comparada, por exemplo, à célebre *Moderna gramática portuguesa*, de Evanildo Bechara, sobretudo na sua versão revista e ampliada (BECHARA, 2001)[2], a gramática de Celso Cunha revela vários pontos em comum, embora a *Nova gramática do português contemporâneo* ainda permaneça insuperável nas concessões que faz aos coloquialismos e aos registros de outras regiões falantes do português. Mas, considerando a concepção geral da gramática, as semelhanças avultam: a gramática de Bechara, por exemplo, vista de uma perspectiva lingüística, procura refletir, mais do que a *língua correta*, a *língua exemplar*, isto é, aquela que obedece a três princípios fundamentais: o *uso padrão*, assentado numa *norma culta* e expressa preferencialmente pela *modalidade escrita*, concepção teórica assumidamente inspirada nas idéias de Eugenio Coseriu (SILVA e ARAKAKI, 2007). Tanto a idéia de uso padrão quanto as de norma culta e modalidade escrita estão presentes em Celso Cunha, embora, como acabamos de dizer, a aplicação delas em sua gramática tenha um alcance mais largo, exatamente por estar matizada pelos conceitos de coloquialismo, oralidade, aceitabilidade social e outros. É que, como a gramática de Bechara, a de Celso Cunha também se insere na discussão acerca da *norma*, uma vez que, para o nosso autor, é papel da escola conferir ao educando condições de apropriação do dialeto de prestígio, sem que seu falar mais pessoal e íntimo seja contudo destruído ou violentado (CUNHA, 1985). Nesse sentido, defende o que chama de *norma objetiva*, apoiando-se em Coseriu, a fim de salientar que não existem normas superiores ou inferiores, mas apenas iguais ou diferentes, exatamente aquela concepção presente em Bechara e igualmente inspirada em Coseriu, de que a *língua exemplar* é, sobretudo, um ato de inspiração cultural, ou seja, ela é intencionalmente eleita por uma determinada comunidade de usuários como *norma*, entre tantas outras, a ser seguida (BECHARA, 2001; BECHARA, 1991; BECHARA, 2003).

---

2 A 1ª edição data de 1961, permanecendo praticamente intacta até a 36ª edição, de 1997. A partir da 37ª edição, datada de 1999, o autor promove larga revisão e ampliação da obra, fazendo com que ela atingisse, em dois anos, oito reimpressões.

Conclusão

Analisando as principais gramáticas de Celso Cunha aqui estudadas, pode-se dizer, resumidamente, que o autor apresenta como nova proposta em relação à produção gramaticográfica de sua época e de épocas anteriores principalmente duas idéias, as quais se aliam a uma base comum, que é exatamente a regularização/descrição da norma culta, a rigor, o papel essencial de uma gramática: a consideração da *linguagem coloquial*, que procura, ao lado do registro culto, equacionar o tradicional problema das diferenças sociolingüísticas; e o reconhecimento dos *valores afetivos* do português, o que é alcançado pelo recurso do emprego de exemplos colhidos em autores afro-luso-brasileiros modernos. Desse modo, Celso Cunha alcança um efeito precioso, que vem a ser a inserção no sistema lingüístico do português de elementos até então alheios aos projetos gramaticográficos anteriores, reconhecendo, entre outras coisas, a diversidade de registros. Poder-se-ia, nesse sentido, proceder a uma leitura de sua proposta gramatical a partir da interação, num mesmo sistema lingüístico, de três variantes distintas, mas complementares, reproduzidas graficamente pelo esquema abaixo:

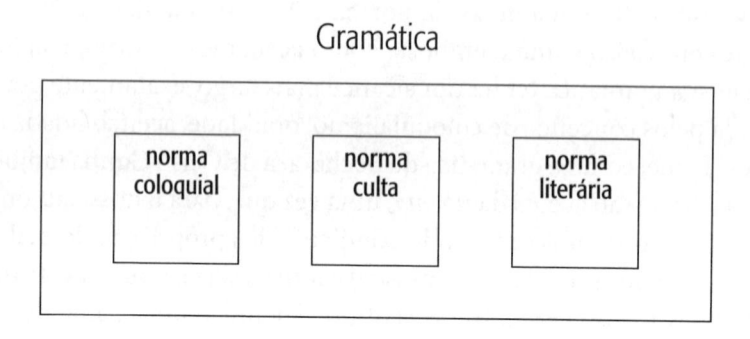

Gramática

norma coloquial	norma culta	norma literária

Assim sendo, as normas coloquial, culta e literária interagem no sentido de refletir, na gramática de Celso Cunha, um registro mais próximo da realidade lingüística do usuário do português nos três continentes representados. Nesse sentido, pode-se dizer que sua gramática insere-se numa discussão mais ampla, que retoma dois princípios gerais: primeiro, a necessidade de reconhecer a contínua transformação da língua, princípio discutido, por exemplo, em seu livro *Língua portuguesa e realidade brasileira*; segundo, a necessidade de se estudar e ensinar essa língua viva, como exposto em sua obra *A questão da norma culta brasileira*. É esse debate, em suma, que sua gramática vem ilustrar, enfatizando algumas idéias que serão retratadas em outra conceituada obra de sua autoria: *Língua, nação, alienação*, na qual não apenas discute a noção de progresso idiomático, mas sobretudo expõe uma avançada concepção de educação lingüística:

> sem o reconhecimento científico de nossa realidade lingüística — sem sabermos quais as normas tradicionais que estão vivas e quais as que estão superadas — continuaremos a entorpecer o ensino do idioma com uma inútil sobrecarga de fatos inoperantes e a retardar a incorporação à comunidade de plenitude produtiva desta imensa população de analfabetos que, para desonra nossa, povoa ainda os oito e meio milhões de quilômetros quadrados deste país-continente. (CUNHA, 1981:32)

Essa visão holística da linguagem, que reconhece as dificuldades e os avanços do idioma; que está atenta para os imperativos de um mundo em constante transformação; que se assenta numa irrestrita, porém não-radical, apologia do português; e, finalmente, que revela profunda consciência da complexidade do universo lingüístico, está atestada por um indefectível empenho científico e pelo que de melhor resultou dele, suas gramáticas.

Esta, pelo menos, parece ser a opinião de outro grande nome dos estudos lingüísticos, filológicos e gramaticais do português, Antônio Houaiss, seu contemporâneo e amigo, para quem

> a obra de Celso Cunha é fiel a essas origens e, se desenvolvida ao sabor de suas mais íntimas preferências intelectuais, como o foi, revela inequivocamente duas coisas — a língua portuguesa como centro e a expansão do conhecimento dela com ambições holísticas. De fato, explícita ou implicitamente, tudo que escreveu é sobre ela, em torno dela ou pensado em função dela; e em tudo que escreveu buscou construir uma totalidade que viesse das origens até o futuro. (HOUAISS, 1995:XLVIII)

Opinião, aliás, com a qual não teríamos nenhuma dificuldade em concordar.

Referências bibliográficas

AGUSTINI, Carmen Lúcia Hernandes. *A estilística no discurso da gramática*. Campinas, SP: Pontes, 2004.

ALTMAN, Cristina. *A pesquisa lingüística no Brasil (1968-1988)*. São Paulo: Humanitas, 1998.

_____. *Historiografias Lingüísticas. Três questões em produção lingüística brasileira.* Tomo I: Texto Crítico. São Paulo, Universidade de São Paulo, 2001 (Livre-docência).

BALDINI, Lauro. "A NGB e a autoria no discurso gramatical". *Línguas e instrumentos lingüísticos.* Campinas, SP: Pontes, jan-jun. 1998, p. 97-107.

BASTOS, Neusa Barbosa. "O fazer historiográfico em Língua Portuguesa". In: BASTOS, Neusa Barbosa. *Língua portuguesa em calidoscópio.* São Paulo: Educ/Fapesp, 2004, p. 73-82.

BECHARA, Evanildo. *Ensino da gramática. Opressão? Liberdade?.* 5ª ed., São Paulo: Ática, 1991.

_____. *Moderna gramática portuguesa.* 37ª ed. 8ª reimp. Rio de Janeiro: Lucerna, 2001.

_____. "A língua exemplar". In: BECHARA, Evanildo *et alii* (orgs.). *Na Ponta da Língua*, v. 5. Rio de Janeiro: Lucerna, 2003, p. 103-109.

CANIATO, Benilde Justo L. "A Gramática de Língua Portuguesa (Pós-NGB) no Brasil. Celso Cunha e Lindley Cintra, *Nova gramática do português contemporâneo*". In: CUNHA, Maria Helena Ribeiro da (org.). *Atas do I Encontro de Centros de Estudos Portugueses do Brasil*, v. 1. São Paulo: Humanitas, 2001, p. 53-60.

CASTRO, Ivo. "Celso Cunha, o não-gramático". In: *Confluência. Revista do Instituto de Língua Portuguesa.* n. 5. Rio de Janeiro, 1993, p. 23-28.

CAVALIERE, Ricardo. "Uma proposta de periodização dos estudos lingüísticos no Brasil". In: *Alfa. Revista de Lingüística*, v. 45. São Paulo: Unesp, 2001, p. 49-69.

COUTO, Hildo H. do. *O que é português brasileiro.* São Paulo: Brasiliense, 1994.

CUNHA, Celso. *Uma política do idioma.* Rio de Janeiro: Tempo Brasileiro, 1976a.

_____. *Gramática da Língua Portuguesa.* Rio de Janeiro: MEC/FENAME, 1976b.

_____. *Gramática do português contemporâneo.* Rio de Janeiro: Padrão, 1980.

_____. *Língua, nação, alienação.* Rio de Janeiro: Nova Fronteira, 1981.

_____. *A questão da norma culta brasileira.* Rio de Janeiro: Tempo Brasileiro, 1985.

_____. *Gramática de base.* Rio de Janeiro: MEC/FAE, 1986a.

_____. *Língua Portuguesa e realidade brasileira*. Rio de Janeiro: Tempo Brasileiro, 1986b.

_____ e CINTRA, Lindley. *Nova gramática do português contemporâneo*. Rio de Janeiro: Nova Fronteira, 1985.

FILHO, Leodegário A. de Azevedo. "Os estudos Filológicos e Lingüísticos no Brasil". In: *Ensaios de Lingüística, Filologia e Ecdótica*. Rio de Janeiro: Sociedade Brasileira de Língua e Literatura/UERJ, 1998, p. 19-44.

FIORIN, José Luiz. "A criação dos cursos de Letras no Brasil e as primeiras orientações da pesquisa lingüística universitária". In: FÁVERO, Leonor Lopes; BASTOS, Neusa Barbosa e MARQUESI, Sueli Cristina (orgs.). *Língua Portuguesa: pesquisa e ensino*. São Paulo: EDUC, 2007, p. 93-104.

GUIMARÃES, Eduardo. "Sinopse dos estudos do Português no Brasil: a gramatização brasileira". In: GUIMARÃES, Eduardo e ORLANDI, Eni Pulcinelli (orgs.). *Língua e cidadania. O Português no Brasil*. Campinas, SP: Pontes, 1996, p. 127-138.

HENRIQUES, Cláudio Cezar. "O cânone lingüístico-literário das gramáticas de Celso Cunha". In: *Filologia e Lingüística Portuguesa*, n. 06. São Paulo: Humanitas, 2004, p. 115-159.

HOUAISS, Antônio. "Uma obra: a propósito de Celso Cunha". In: PEREIRA, Cilene da Cunha e PEREIRA, Paulo Roberto Dias (orgs.). *Miscelânea de estudos lingüísticos, filológicos e literários in memoriam Celso Cunha*. Rio de Janeiro: Nova Fronteira, 1995, p. XLVII-LVI.

KOERNER, Konrad. "Models in Linguistic Historiography". In: *Practicing Linguistic Historiography: Selected Essays. Studies in the History of the Language Sciences*, v. 50. Amsterdam/Philadelphia: John Behjamins, 1989, p. 47-59.

_____. "Questões que persistem em historiografia lingüística". *Revista da Anpoll*, n. 2. Universidade de São Paulo, São Paulo, 1996, p. 45-70.

MATEUS, Maria Helena Mira. "Celso Cunha. O amigo brasileiro". In: *A face exposta da Língua Portuguesa*. Lisboa: Imprensa Nacional/Casa da Moeda, 2002, p. 327-329.

NASCIMENTO, Jarbas Vargas (org.). *A historiografia lingüística: rumos possíveis*. São Paulo: Pulsar, Terras do Sonhar, 2005.

ORLANDI, Eni P. *Língua e conhecimento lingüístico. Para uma história das idéias no Brasil*. São Paulo: Cortez, 2002.

PEREIRA, Cilene da Cunha. "Bibliografia de Celso Ferreira da Cunha". In: *Confluência. Revista do Instituto de Língua Portuguesa*. Rio de Janeiro, n. 5:15-21, 1993.

_____. "Esboço biográfico". In: PEREIRA, Cilene da Cunha e PEREIRA, Paulo Roberto Dias (orgs.). *Miscelânea de estudos lingüísticos, filológicos e literários in memoriam Celso Cunha*. Rio de Janeiro: Nova Fronteira, 1995a, p. XV-XXIII.

_____. "Esboço biográfico". In: PEREIRA, Cilene da Cunha e PEREIRA, Paulo Roberto Dias (orgs.). *Miscelânea de estudos lingüísticos, filológicos e literários in memoriam Celso Cunha*. Rio de Janeiro: Nova Fronteira, 1995b, p. XV-XXIII.

PICCHIO, Luciana Stegagno. "Saudades de Celso Cunha". In: PEREIRA, Cilene da Cunha e PEREIRA, Paulo Roberto Dias (orgs.). *Miscelânea de estudos lingüísticos, filológicos e literários in memoriam Celso Cunha*. Rio de Janeiro: Nova Fronteira, 1995, p. IX-XIII.

PILETTI, Nelson. "Evolução do currículo do Curso Secundário no Brasil". In: *Revista da Faculdade de Educação*, v. 13, n. 2. São Paulo: Universidade de São Paulo, 1987, p. 27-72.

SAMPAIO, Augusto Luiz Duarte Lopes. "Prefácio". In: CUNHA, Celso. *Gramática da Língua Portuguesa*. Rio de Janeiro: MEC/FENAME, 1976.

SILVA, Maurício. *Gramática da Língua Portuguesa no Brasil: um estudo da gramaticografia brasileira pré-NGB* (1930-1960), 2007 (mimeo).

SILVA, Maurício e ARAKAKI, Nancy. *Bechara lingüista: alguns fundamentos lingüísticos da teoria gramatical de Evanildo Bechara*, 2007 (mimeo).

SWIGGERS, Pierre. "Reflections on (Models for) Linguistic Historiography". In: HÜLLEN, Werner (ed.). *Understanding the Historiography of Linguistics: Problems and Projects*. Münster: Nodus, s.d., p. 21-34 (Symposium at Essen, Nov. 1989).

CAPÍTULO 6

Evanildo Bechara e a *Moderna gramática portuguesa*: Uma abordagem historiográfica

Rosemeire Leão da Silva Faccina (IP-PUC/SP – UPM)
Nancy dos Santos Casagrande (IP-PUC/SP)
Vera Lucia Harabagi Hanna (IP-PUC/SP – UPM)

1. Traçando a contextualização (1940-70)

Neste capítulo, contextualizaremos, num primeiro momento, três décadas de educação nacional (1940-1970), isso porque a Gramática, foco de análise, foi publicada em 1961; dessa maneira os anos anteriores e posteriores a ela são fundamentais para o entendimento das condições de produção do autor.

Se olharmos para a década de 1940, observaremos que ela se nos apresenta como um marco da civilização contemporânea, e a razão principal é o mundo ter vivido seis longos anos em guerra, ou em clima de guerra. O pós-guerra mostrou-se, a princípio, aterrorizante, pois o mundo poderia explodir a qualquer instante, afinal o homem construiu a bomba atômica e seus efeitos o tiraram do eixo lógico. Voltemos ao período de guerra. O ano é 1942, até então, venciam as forças do eixo nazi-fascistas, momento em que as forças aliadas passaram à contra-ofensiva. Segundo Costa e Mello: (2000:326-327), a

> repercussão da reação dos Aliados favoreceu a luta pela democratização no Brasil, uma vez que a unidade entre os dirigentes da ditadura estava afetada. Desentendiam-se as facções favoráveis aos aliados, lideradas pelo ministro das Relações Exteriores, Osvaldo Aranha, e as que tendiam para o Eixo e que tinham como líder o ministro da justiça, Francisco Campos. As forças de

oposição passaram a pressionar o governo para a entrada do Brasil na guerra apoiando os aliados. A 4 de julho de 1942, realizava-se, em São Paulo, uma marcha pública com esse fim. No Rio, estudantes, sob a liderança da União Nacional dos Estudantes (UNE), e a sociedade dos Amigos da América e pela Liga de Defesa Nacional realizaram uma passeata antitotalitária. Ocorreram manifestações semelhantes em Pernambuco, Bahia e Rio Grande de Sul, exigindo democratização e anistia. Getúlio Vargas viu-se, então forçado a demitir Francisco Campos e o Chefe de polícia, Filinto Müller, além de outros elementos do governo adeptos dos fascistas. Em agosto, declarou estado de guerra contra a Alemanha e a Itália. De início, o apoio militar brasileiro aos Aliados restringiu-se à cessão de bases aéreas e navais do Nordeste. Porém, em 1944, desembarcou em Nápoles o primeiro escalão da Força Expedicionária Brasileira (FEB), sob o comando do General Zenóbio da Costa, seguido de outros quatro, que constituíram a Primeira Divisão Brasileira na Europa. Liderada pelo General Mascarenhas de Morais, a FEB incorporou-se ao II Exército dos Estados Unidos, participando da ofensiva aliada nas regiões dos rios Arno e Pó, na Itália. Os feitos brasileiros mais importantes na luta contra os nazi-fascistas ocorreram em Monte Castello, Castelnuovo, Fornovo e Montese.

A citação dos historiadores é pertinente para contextualizarmos o clima de opinião desse momento de conflitos interno e externo; isso resultou em mudança comportamental em todos os segmentos da sociedade. A política externa uniu-se ao descontentamento interno em relação aos últimos meses de ditadura getulista, arrastando-se até 1945, quando, entre outras manifestações em diversos locais da nação brasileira, ocorreu o *Primeiro Congresso Brasileiro de Escritores*, cujos participantes passaram a exigir rompimento da censura e liberdade de expressão.

Deter-nos-emos, momentaneamente, nesse momento da vida brasileira, mais precisamente na vida educacional da nação. Era ainda vigente a chamada Lei Capanema, desde 1942. Todos esses fatos narrados, forçosamente, desembocaram no setor educacional, que passou a exigir, também, maior democratização, formando uma força nacional que empurraria o país para a elaboração de um plano globalizador de educação nacional.

Em 1948, foi enviado à Câmara Federal o *Projeto de Lei de Diretrizes da Educação Nacional*, que depois de 13 anos transformou-se na *Lei 4.024, de 20 de dezembro de 1961*, fixando as bases e as diretrizes da Educação Nacional. Em 12 de fevereiro de 1963, instaurou-se o *Conselho Federal de Educação*, previsto nessa mesma lei.

Entre 1945 e 1964, a prática democrática fez-se presente, permitindo o desenvolvimento dos movimentos populares; no entanto cabe salientar que havia limites, os analfabetos não tinham direito ao voto; a distribuição da renda continuava desigual, tornando quase impossível a participação dos mais pobres nos rumos do governo.

Apesar dos contras, o país viveu 19 anos de democracia, o que propiciou, no campo da educação, um certo avanço. Legalmente, o ensino técnico-profissional equiparou-se ao secundário. Houve inúmeras lutas no sentido de ampliar o acesso ao cidadão em idade escolar à escola pública, objeto de campanhas e de movimentos, cujo fim era a educação popular, inaugurando os cursos de alfabetização de adultos, inexistentes no país até então.

Ainda em 1946, com a promulgação da Constituição que reconheceu o regime democrático, percebemos a volta de certos princípios de cunho educacional, abolidos com a Constituição de 1937, os quais, segundo Chagas (1972:43), não eram tão substanciais como o previsto e esperado pelos educadores, sendo ela mais restrita em relação aos propósitos relativos à gratuidade. Nas palavras do autor, a transcrição do artigo 168-II: "O ensino primário oficial é gratuito para todos: o ensino oficial ulterior ao primário sê-lo-á para quantos provarem falta ou insuficiência de recursos."

A regra em vigência era o ensino ministrado pelos poderes públicos, ainda que a rede particular o explorasse dentro dos limites da lei. O ensino religioso foi mantido, sendo ministrado em concordância com a fé dos alunos.

Ainda a respeito da Constituição de 1946, pode-se dizer que estava inserida no contexto não só brasileiro, mas também mundial de pós-guerra, cujo eixo voltava-se para valores transcendentais que tinham na liberdade, na defesa da dignidade humana e na solidariedade internacional os alicerces de sustentação.

O surgimento da LDB (Lei de Diretrizes e Bases) é constitucional e, inclusive, de competência da União, por meio de uma lei federal. Cabe aos municípios e aos estados legislar, concorrentemente, sobre educação e ensino, atendendo às suas peculiaridades e possibilidades locais ou regionais. À União, compete legislar, regulamentar e explicar o sentido dos princípios filosóficos, administrativos, políticos, pedagógicos e financeiros. Os termos *Diretrizes e bases* surgem juntos, pela primeira vez, no texto da Constituição do Estado Novo (1946). Segundo Carneiro (1998:22),

> *bases* são fundamentos, vigas de sustentação, elementos estruturantes de um corpo *Diretrizes*. Denotam o conceito de alinhamento e, no caso, de normas

de procedimento. Aplicados os conceitos à norma educativa, infere-se que as *bases* remetem à função substantiva da educação organizada. Compõem-se, portanto, de princípios, estrutura axiológica, dimensões teleológicas e contorno de direitos. A esse conjunto, podemos chamar de funções substantivas. As *diretrizes*, por outro lado, invocam a dimensão adjetiva da educação organizada. Encorpam-se, por conseguinte, em modalidades de organização, ordenamentos da oferta, sistemas de conferência de resultados e procedimentos para a articulação inter e intra-sistemas. As bases detêm uma concepção política, as diretrizes, um conjunto de formulação operativa.

Essa LDB deveria, teoricamente, atender aos objetivos maiores do país; entretanto, por demorar 13 anos até a sua promulgação e por ser objeto de jogo de interesses políticos de uma minoria, teve, em sua redação final, quase nada do projeto original, resultando uma lei política e ideológica por excelência. Prevaleceram os interesses da iniciativa privada ligada ao ramo da educação.

O início da década de 1960 encontrou o país num caos político e a um passo do golpe de 1964. O momento de instabilidade e de repressão atingiu, também, as escolas. No teor da lei, manteve-se a separação entre o curso secundário e os profissionalizantes, estabelecendo entre os dois o princípio de equivalência, regulamentado *a posteriori*. A rede particular de ensino, durante esse processo longo, reivindicou o afrouxamento da vigilância oficial, postulando uma maior liberdade de ensino contra a interferência estatal.

Estabeleceu-se a obrigatoriedade do ensino primário para crianças de 7 a 14 anos, com um caráter comum e unificador; não mais escolas primárias para filhos de militares, de funcionários, de italianos, de japoneses, de alemães. A escola primária tinha de apresentar caráter conciliador, dizia o relatório de Clemente Mariani, cuja idéia era a de reconhecer a finalidade política da escola: formadora de cidadãos, não com disciplina especializada, mas com todas as disciplinas voltadas para a educação moral e cívica.

De certa forma, o teor da LDB, pela maior autoridade conferida ao Estado na vigilância dos negócios do ensino, manteve um certo afastamento das conveniências dos particulares, assim como da esperança de se ver, no país, um ensino descentralizado, já que, na acentuação do poder político federal na supervisão e na fiscalização do ensino de segundo grau e superior, o ministro Clemente Mariani deu mostras da sua descrença na descentralização radical.

Assim, restaurada a democracia, após a queda da ditadura de Vargas, os educadores liberais, preocupados com o ensino nacional, trataram de acentuar as obrigações do Estado e, ao mesmo tempo, de apontar as condições de existência democrática nas escolas, na busca de um meio-termo, com um desenvolvimento da rede oficial e da rede particular, ambas visando a um bem maior, além do indivíduo: a instituição escolar sólida e responsável.

Quanto às inovações, elas pretendiam atender às reivindicações sugeridas pela comissão de professores convocada por Clóvis Salgado e às impostas expressamente pelos representantes dos interesses do ensino privado, leigo ou confessional.

Em 20 de dezembro de 1961, foi promulgada, sob o número 4.024, a primeira LDB, que assim se estabeleceu:

TÍTULO I
Dos Fins da Educação
Art.1 — A educação nacional, inspirada nos princípios de liberdade e nos ideais de solidariedade humana, tem por fim:
a) a compreensão dos direitos e deveres da pessoa humana, do cidadão, do Estado, da família e dos demais grupos que compõem a comunidade;
b) o respeito à dignidade e às liberdades fundamentais do homem;
c) o fortalecimento da unidade nacional e da solidariedade internacional;
d) o desenvolvimento integral da personalidade humana e a sua participação na obra do bem comum;
e) o preparo do indivíduo e da sociedade para o domínio dos recursos científicos e tecnológicos que lhes permitam utilizar as possibilidades e vencer as dificuldades do meio;
f) a preservação e expansão do patrimônio cultural;
g) a condenação a qualquer tratamento desigual por motivo de convicção filosófica, política ou religiosa, bem como a quaisquer preconceitos de classe ou de raça. (Brejon, 1993:243-244)

Esse Título I, de cunho geral, porém ideológico, mostrava a disposição da LDB/61, a primeira em âmbito nacional, com o intuito de dirigir todo o sistema educacional brasileiro, ou seja, a Lei expunha, ideologicamente, os anseios dos governantes de então: liberdade, respeito, unidade nacional, preservação e expansão do patrimônio cultural, igualdade de classe ou raça. Tudo isso ligado à educação exaltava um sentimento de nacionalismo, de democracia e de liberdade de religião. Mais uma vez, na República, era a Língua Nacional instrumento de execução dessa Lei.

Em vigor, a LDB já se mostrava defasada, necessitando de reforma, principalmente quanto à extensão do período de escolaridade. Em 1962, o Plano Nacional de Educação teve como uma de suas metas o *ensino supletivo*, que passou a ser visto com bons olhos pelo governo de João Goulart, por ser entendido que sua difusão em larga escala mudaria as estruturas socioeconômicas arcaicas, promovendo transformações nas massas (das cidades e dos campos), e com isso Goulart esperava consolidar as lideranças populares.

Convém registrar que esse plano prioritário, com a pretensão de atender aos objetivos mais imediatos, deixava de lado as crianças em idade escolar, pelo menos durante um certo período, já que em 1965 havia o que se chamava de revisão de 65, a qual tinha como alguns dos seus objetivos criar o salário-educação e a conseqüente distribuição de recursos financeiros, cujo intuito era tornar mais eficaz a doutrina descentralizadora já anteriormente proposta.

Em 1966, houve a Complementação de 66 do Plano Nacional de Educação, visando à regulamentação do uso da verba destinada ao Fundo de Ensino Primário e Médio; tendo em vista a linha descentralizadora adotada pela LDB e seus documentos complementares, cabia à União ser mera distribuidora de recursos, porque as diretrizes não eram coerentes, já que, dada a sua feição genérica, ficava difícil encontrar uma posição mais definida em alguns aspectos, tais como: as questões relativas à aplicação dos recursos públicos, à liberdade e à igualdade de tratamento, no tocante ao planejamento dentro das próprias escolas, entre outras. Isso pode ser explicado devido aos interesses de grupos, de políticos e de determinados indivíduos em detrimento de toda a coletividade.

A Carta Magna de 1967 acabou por privilegiar a escola privada, na medida em que esclarecia, textualmente, que o ensino era de livre iniciativa particular, a qual merecia o amparo técnico e financeiro dos Poderes Públicos, inclusive bolsas de estudo (art.168, parágrafo 2).

Entre outras mudanças concernentes à educação, cabe-nos salientar a que competia à União, qual seja, o estabelecimento do Plano Nacional de Educação, redefinindo os papéis dos Conselhos Federal e Estaduais de Educação. Além disso, o texto (o ensino dos 7 aos 14 anos passou a ser obrigatório para todos e gratuito nos estabelecimentos oficiais) deixava margem a mais de uma interpretação, e isso seria resolvido quando o poder público ministrasse o ensino primário em oito séries anuais (o que só ocorreria em 1971).

Assim, com uma nova ordem social vigente, a escola passou a ser vista como instrumento de transformação: afinal, deveria acompanhar o avanço material e preparar uma nova mentalidade que, do ponto de vista moral/espiritual, viesse a alterar a psicologia da escola tradicional, onde se aprenderia para a vida. Para que houvesse uma aprendizagem integradora, a situação escolar e a vida do aluno deveriam ajustar-se e harmonizar-se como um todo contínuo, progressivo e ascensional; no entanto o ocorrido no Brasil é que a escola mantinha-se atrasada em relação ao desenvolvimento, às mudanças políticas e governamentais.

Como já mencionado, a ruptura desse sistema dual de ensino ocorreu de maneira lenta e desorganizada, tendo como causa básica, e não única, as pressões da demanda efetiva em crescimento, não atingindo o resultado esperado, isso porque o que norteava a política educacional até essa data era a legislação herdada do Estado Novo. Muitas benfeitorias foram feitas em prol da ampliação e da melhoria do atendimento escolar.

A Lei 4.024/61 conseguiu dar flexibilidade à estrutura do ensino nacional, possibilitando — independentemente do tipo de curso que o aluno fizesse como secundário — acesso ao ensino superior. Eis aqui um grande passo rumo à democratização do ensino. A flexibilidade dessa Lei era tanta que permitia o sistema migratório interno do aluno, que poderia mudar de um ramo a outro de ensino, sem ter de recomeçar do zero. Segundo Romanelli (1988:179),

> A Lei 4.024/61 nasce das cinzas de múltiplas discussões e mudanças de eixo de ação: por treze anos sofre todo tipo de inferência e agressão partidária e ideológica; a pressão das instituições de ensino particular termina por transformar o debate em ação e, finalmente, tem-se um arcabouço onde se pode divisar as diretrizes e bases da educação nacional. Nenhuma lei é capaz, por si só, de operar transformações profundas, por mais avançada que seja, nem tampouco de retardar, também por si só, o ritmo do progresso de uma dada sociedade, por mais retrógrada que seja. Sua aplicação depende de uma série de fatores. Em primeiro lugar, a eficácia de uma lei está subordinada à sua situação no corpo geral das reformas por acaso levadas a efeito, paralelamente a outros setores da vida social e, o que é mais importante, sua eficácia decorre de sua integração e de suas relações com todo esse corpo. Os efeitos de uma lei de educação, como de qualquer outra lei, serão diferentes, conforme pertença ela ou não a um plano geral de reformas. Em segundo lugar, a aplicação de uma lei depende das condições de infra-estrutura existentes. Em terceiro lugar está a adequação dos

objetivos e do conteúdo da lei às necessidades reais do contexto social a que se destina. Enfim, a eficácia de uma lei depende dos homens que a aplicam. Nesse sentido, operou como força de inércia, a tradição jurídica que possuímos. Esta, agindo sobre a mentalidade de nossos homens públicos, levou-os, geralmente, a interpretar a lei mais segundo os mecanismos próprios do espírito juridicista do que segundo os objetivos e as necessidades de sua aplicação.

A organização do ensino, nas disposições normativas da Lei 4.024/61, ficou assim dividida: Ensino Primário — duração de quatro anos; ciclo Ginasial do Ensino Médio — duração de quatro anos; ciclo Colegial do Ensino Médio — duração de três anos; Ensino Superior — variável. Observações:

1. por meio de uma prova de acesso, o chamado *Exame de admissão*, é feita a passagem do Primário para o Ginasial;
2. os ciclos Ginasial e Colegial do Ensino Médio são subdivididos em ramos de ensino: *Secundário, Comercial, Industrial, Agrícola, Normal* e outros;
3. Artigo 30, parágrafo único, praticamente anula uma preciosa aquisição anterior em termos de benefício à população, ou seja, a obrigatoriedade do Ensino Primário; ensino pré-primário continua com a estrutura da legislação anterior: escolas maternais e jardins de infância.

Essa lei refletiu a seguinte situação: oportunidade de organização do sistema educacional brasileiro, pelo menos em seu aspecto formal, com o objetivo de criar um modelo educacional que pudesse ser inserido no sistema geral de produção do país, em consonância com os progressos sociais existentes. Isso, porém, não ocorreu porque não somente as heranças culturais, mas ainda as formas de atuação política, foram fortes o bastante para impedir essa realização. Afinal, o político brasileiro da época não enxergava a correlação entre educação e democratização: a primeira como requisito básico para a vigência da segunda. O que era direito de todos continuava sendo apenas de alguns, ou seja, a possibilidade de participação efetiva nos destinos políticos do país, já que a lei habilitava o indivíduo a exercer a cidadania.

Dessa forma, afirmamos que a educação funcionava como mola propulsora, criando, no homem, a consciência do seu lugar no mundo e no tempo em que vive. Essa consciência é uma das causas do aumento da demanda efetiva da educação nas classes menos privilegiadas, nesse período. A nossa política educacional comportou-se, e comporta-se até esse momento, de acordo com os valores e concepções vigentes no antigo regime.

Se o país não tinha recursos para atender à rede oficial de ensino, tornou-se o que acabava de ser sancionado com essa LDB, já que os menos favorecidos foram retirados da esfera pública, privilegiando a esfera privada, fato somente compreensível se atinarmos para o clima de opinião do momento: tráfico de influências exercido pelas camadas dominantes sobre os representantes políticos no legislativo. Nas palavras de Romanelli, (1988:185), encontramos eco para as nossas:

> Foi isso que os autores e os propugnadores da Lei de Diretrizes e Bases não compreenderam. E assim agindo, eles demonstraram perfeitamente que estavam imbuídos de uma mentalidade retrógrada, muito mais voltada para o nosso passado, e ideologicamente muito mais ligados à velha ordem social aristocrática, ao velho sistema pré-capitalista do que ao novo sistema capitalista em plena implantação no seio da sociedade e da economia brasileiras.

Com essa maneira política de manipulação, as forças políticas conservadoras fizeram com que quase nada mudasse na essência da lei 4.024/61: a representatividade no Conselho Federal de Educação adquiriu mais força e poder de fogo, sobrepujando-se ao próprio poder do Ministro da Educação, sendo, assim, um superministério.

As conseqüências disso são as que já estamos vivendo desde o Império: a manutenção de uma situação de defasagem profunda entre o sistema educacional fundamental, o sistema econômico, político e social e a necessidade brasileira.

Dando seguimento à narrativa, formadora do clima de opinião, passamos a explanar os fatos ocorridos a partir de 1962, quando foi criado e instalado o Conselho Federal de Educação, que fez aprovar como primeiro feito o Plano Nacional de Educação para os oito anos vindouros, cujo principal objetivo eram as metas quantitativas: no ensino primário, chegar a 70% da população de 7 a 11 anos de idade; no ensino médio, chegar a 50% no curso fundamental e 30% no ciclo colegial; no ensino superior, a meta é atingir a metade dos que terminem o curso colegial.

Para a nação brasileira, a LDB significou uma oportunidade de organização do seu sistema de ensino, já que estávamos vivenciando a criação de uma infra-estrutura nas áreas de comunicações, transporte e energia (geradoras de emprego e de novas necessidades, por isso a escolarização passou a ser necessária para a obtenção de novos e melhores empregos), novas ascensões da classe média transferiram-se para as chamadas hierarquias ocupacionais, que demandavam qualificação e adequação que só a escola poderia proporcionar aos dois lados da mesma moeda: ao empresário, que preencheria seus quadros mais adequadamente, e à classe média, que precisaria adequar-se ao preenchimento desses mesmos quadros.

Isso não aconteceu, no cenário brasileiro, pois o sistema educacional vigente e a Lei de Diretrizes e Bases recém-implantada não conseguiram acompanhar a nova onda que demandava, urgentemente, pessoal qualificado de nível médio, ocasionando um déficit que tendia a crescer vertiginosamente, já que as reformas educacionais só ocorreram quando a crise chegou ao auge.

O governo de 1964-68 adotou uma política econômica incompatível com o exigido pela sociedade e, na visão ideológica dos governantes de então, fazer crescer a rede escolar poderia comprometer, de certo modo, a política econômica do Estado. Diante dessa visão, o que se viu foi uma política estreita de expansão da rede escolar e, conseqüentemente, um agravamento da crise do sistema educacional. Ademais, constatamos que a Lei 4.024/61 revelou-se tímida em relação a benefícios à grande parcela da população que utilizava a rede pública.

Assim caminhando, a Constituição de 1967 ampliava os poderes do Executivo. Em relação à Educação, avançou, na medida em que dispunha que, dos 7 aos 14 anos, o ensino público seria obrigatório e gratuito para todos nos estabelecimentos oficiais, situação essa mantida na Emenda Constitucional de 1969. Essa ambigüidade permaneceu até o advento da *Lei 5.692/71*, que entendia por ensino primário a educação correspondente ao ensino de primeiro grau, que tinha a duração de oito anos letivos e passou a ser obrigatório dos 7 aos 14 anos. Resta-nos, portanto, esclarecer que essa Lei 4.024/61 apenas ensaiava uma profunda mudança de paradigma no sistema educacional e no ensino de língua materna.

Partindo das considerações acerca do clima de opinião construído na década de 1940, passamos a apresentar o gramático Evanildo Bechara, um dos estudiosos mais importantes da Língua Portuguesa no Brasil do século XX.

Para tanto, começaremos por sua biografia, seguida de sua produção intelectual, justificando nossa escolha pela *Moderna gramática portuguesa*, publicada em 1961.

2. O autor, o gramático, o lingüista contextualizado na metade do século XX

Evanildo Bechara, personagem central deste capítulo trabalhado coletivamente, exerceu, desde jovem, a função de professor. Em primeiro lugar, como catedrático do Colégio Pedro II, expandindo sua atuação em universidades dentro e fora do país. No site da Academia Brasileira de Letras, está disponível sua biografia.[1]

Da vida acadêmica profícua de Evanildo Bechara, destacamos algumas informações que nos fazem entender o quão significativo é esse estudioso da Língua Portuguesa, tanto para professores, quanto para alunos, inseridos no contexto educacional nesse início de século XXI. Como são muitos os títulos, atentamos para sua carreira no magistério, destacando sua participação como professor no período por nós estudado, de 1940 a 1970.

Evanildo Bechara nasceu no Recife, aos 26 de fevereiro de 1928. Aos 11 anos, órfão de pai, transferiu-se para o Rio de Janeiro, a fim de completar sua educação em casa de um tio-avô.

Desde cedo mostrou vocação para o magistério, o que o levou a fazer o curso de Letras, modalidade Neolatinas, na Faculdade do Instituto La-Fayette, hoje UERJ, Bacharel em 1948 e Licenciado em 1949. Aos 15 anos conheceu o professor Manoel Said Ali, um dos mais fecundos estudiosos da língua portuguesa, que na época contava entre 81 e 82 anos. Essa experiência permitiu a Evanildo Bechara trilhar caminhos no campo dos estudos lingüísticos. Aos 17, escreve seu primeiro ensaio, intitulado *Fenômenos de entonação*, publicado em 1948, com prefácio do filólogo mineiro Lindolfo Gomes. Em 1954, foi aprovado em concurso público para a cátedra de Língua Portuguesa do Colégio Pedro II e reuniu no livro *Primeiros ensaios de Língua Portuguesa* artigos escritos entre os 18 e 25 anos, publicados em jornais e revistas especializadas.

Concluído o curso universitário, vieram-lhe as oportunidades de concursos públicos, que fez com brilho, num total de onze inscrições e dez aprovações. Aperfeiçoou-se em Filologia Românica em Madri, com Dámaso Alonso, nos anos de 1961 e 1962, com bolsa oferecida pelo Governo espanhol. Doutor em Letras pela UEG (atual UERJ) em 1964.

---

[1] Para uma consulta mais aprofundada da vida e obra de Evanildo Bechara, busque o site http://www.academia.org.br/abl

Convidado pelo professor Antenor Nascentes para ser seu assistente, chegou à cátedra de Filologia Românica da Faculdade de Filosofia, Ciências e Letras da UEG (atual UERJ) em 1964. Professor de Filologia Românica do Instituto de Letras da UERJ, de 1962 a 1992. Professor de Língua Portuguesa do Instituto de Letras da UFF, de 1976 a 1994.

Foi convidado por acadêmicos amigos para candidatar-se à Academia Brasileira de Letras, na vaga do grande Mestre Afrânio Coutinho, na alegação de que a Instituição precisava de um filólogo para prosseguir seus deveres estatutários no âmbito da língua portuguesa.

Entre centenas de artigos, comunicações a congressos nacionais e internacionais, escreveu livros que já se tornaram clássicos, pelas suas sucessivas edições.

Foi diretor da revista *Littera* (1971-1976), 16 volumes publicados; e dirige a revista *Confluência*, com 32 volumes publicados até 2007.

Sua bibliografia é tão vasta que selecionamos apenas as mais significativas obras nesse percurso como gramático/professor que é o nosso estudioso.

Bibliografia

Fenômenos de entonação. 1948.
Primeiros ensaios de língua portuguesa. 1954.
A evolução do pensamento concessivo no português. 1954.
Exercícios de linguagem. 1954.
Curso moderno de português, v. I e II. 1968-1969.
O futuro em românico. 1962.
A sintaxe nominal na Peregrinatio Aetheriae ad Loca Sancta. 1964.
A contribuição de M. Said Ali para a Filologia Portuguesa. 1964.
Os estudos sobre Os Lusíadas *de José Maria Rodrigues.* 1980.
As fases históricas da Língua Portuguesa: tentativa de proposta de nova periodização. 1985.
Lições de português pela análise sintática. 1960. 17ª ed., 2000.
Moderna gramática portuguesa. 1961. 37ª ed., 1999. 13ª reimpressão, 2003.
Guias de estudo de língua e de linguagem (org.). 4 v. 1977: I — Introdução Lingüística. II — Dos termos lingüísticos ao seu conceito. III — Da Lingüística ao ensino da língua. IV — Instrumentos de avaliação.
Ensino da gramática. Opressão ou liberdade?. 11ª ed. 2ª impressão, 2000.
Gramática escolar da língua portuguesa. 2001.

Tradução

Eugenio Coseriu. *Lições de lingüística geral.* 1980.

Em colaboração

Bernardo Élis. *Seleta.* 1974.
Luís de Camões. *Antologia.* 2ª ed., 1999.
Na ponta da língua. Até 2003 5 v. publicados: I (2ª ed.); II (2ª ed.); III (2001); IV (2002); V (2003).

3. Análise da *Moderna gramática portuguesa* (1961)

A *Moderna gramática portuguesa* teve sua primeira edição no mesmo ano em que surge, no cenário brasileiro, a Lei de Diretrizes e Bases da Educação, a 4.024, em 1961. Dois anos antes, surgiu efetivamente a nova Nomenclatura Gramatical Brasileira — NGB — sob a Portaria nº 152, de 28 de janeiro de 1959. Nesses anos de grandes mudanças, essa obra veio suprir as necessidades de professores, alunos e estudiosos da língua portuguesa, que nela se apoiaram durante toda a segunda metade do século XX.

Passaremos à análise da obra, por meio do *Prefácio* correspondente à primeira edição, já que ele se repete, só havendo um novo, na 37ª ed., a de 1999, que não é objeto de análise.

Como já mencionamos, a lei de diretrizes e bases surgiu, como projeto, em 1948, e já nasceu defasada, não cumprindo seu papel, efetivamente. Em meio a esse período, Bechara não teve a pretensão de romper de vez com a tradição secular. Pelo contrário, sua obra segue *uma disposição da matéria mais ou menos conforme o modelo clássico*. Isso se explica pela própria postura clássica dos gramáticos desse século: não se nega o passado.

A *Gramática* objetiva dar um tratamento diferente a vários assuntos, validando, assim, a inclusão de elementos novos, já que o próprio paradigma dogmático da escola, ainda sob a antiga Lei Capanema, com essa nova lei, tende a cair por terra. Até a *Gramática* deve ser estudada com outros olhos.

> Encontrarão os colegas de magistério, os alunos e quantos se interessam pelo ensino e aprendizado do idioma um tratamento novo para muitos assuntos importantes que não poderiam continuar a ser encarados pelos prismas por que a tradição os apresentava.

Na seqüência,

> Por outro lado, a esta altura do progresso que a matéria tem tido, não poderíamos escrever esta *Moderna gramática* sem umas noções, ainda que breves, sobre fonêmica e estilística.

O novo é uma preocupação do autor, percebedor que é das mudanças pelas quais a língua portuguesa está passando, com as novas tendências lingüísticas. Sua larga experiência em sala de aula, com alunos adolescentes do ensino secundário, deu-lhe a justa sabedoria de introduzir novas tendências vindas do estrangeiro, tornando a obra moderna como seu próprio nome anuncia. *Moderna* sem anular a tradição secular.

Adiante, salientamos sua intenção de trazer à gramática portuguesa os modernos estudos que a Lingüística americana tem feito. Nesse momento, a Lingüística norte-americana privilegiava os estudos *bloomfieldianos*. Assim, Bechara trouxe ao professor de ensino secundário luzes a respeito do que ocorria fora do Brasil, propiciando aos interessados uma nova maneira de enxergar os estudos gramaticais.

Segundo o professor Cândido de Oliveira, no Prefácio da segunda edição do seu livro *Nova nomenclatura gramatical brasileira*, datada de 1960, a "NGB já está fixada. Não temos conhecimento de restrições sérias, muito menos por parte de Instituições idôneas. A ordem, pois, é continuar sua divulgação e estudo, reconhecendo apontamentos que a possam melhorar, oportunamente". Assim, Bechara, emérito professor do douto Colégio Pedro II, segue as resoluções da NGB e trata de assuntos que não são aventados, trazendo aos estudiosos o que há de mais moderno em estudos gramaticais. Na página 22:

> A orientação científica por que norteia esta nossa *Moderna gramática* não seria possível sem a lição dos mestres (seria ocioso citá-los) que, dentro e fora do Brasil, têm feito pelo desenvolvimento da disciplina. Devemos-lhes o que de melhor os leitores encontrarem neste livro, e a eles, um dos mais ilustres para dedicar-lhe o nosso trabalho de hoje, aquele que para nós é tão caro pelo muito que contribuiu para nossa formação lingüística: M. Said Ali. No ano em que seus discípulos comemoram o 1º centenário de seu nascimento, não poderíamos deixar de levar ao mestre e amigo o testemunho de nossa profunda amizade e gratidão.

A lição dos mestres, dos inúmeros mestres a que o autor se refere, não rompe definitivamente com o passado, principalmente em se tratando de um passado que consideramos correto, qual seja o de manutenção da cultura brasileira, por meio de valores europeus e norte-americanos, assentados nos ideais de liberdade, na instituição escola, no ensino de língua materna. A cientificidade da obra não despreza os mestres, pelo contrário, glorifica-os e torna-os responsáveis pelo desenvolvimento da disciplina dentro e fora do Brasil. A formação lingüística do autor, ele mesmo a remete aos ensinamentos de mestres queridos. Salienta um entre muitos, numa postura de homenagem póstuma a quem lhe deu tanto incentivo: Manoel Said Ali. No Prólogo de sua *Gramática secundária da Língua Portuguesa*, datada de 1927, Said Ali ressalta que "é dever de todo autor de gramática aplanar tanto quanto possível a estrada ao estudante e ajudá-lo a vencer as dificuldades técnicas próprias do idioma, e não criar-lhe novos embaraços colocando no caminho pedras de tropeço". É dessa maneira que enxergamos a obra de Bechara: tem o intuito de, segundo o mestre, aplanar e tirar as pedras de tropeço do caminho de qualquer estudioso. Por isso sua *Moderna gramática* respeita o tradicional e adiciona elementos dos novos estudos lingüísticos, introduzindo lições que se perpetuam ao longo do século XX, cujo intuito é o de preservar a cultura brasileira.

Em uma época em que se faz necessária não só uma uniformização, mas ainda uma simplificação da nomenclatura, Bechara traz uma excelente contribuição com a obra em questão. De acordo com o texto integral da NGB, fica a Gramática dividida em três partes, a saber: *Fonética, Morfologia* e *Sintaxe*, acrescida de um *Apêndice*, em que são estudados os assuntos: *Figuras de Sintaxe, Gramática Histórica, Ortografia, Pontuação, Significado das Palavras* e *Vícios de Linguagem*. Bechara faz uma divisão semelhante: *Fonética e Fonêmica, Morfologia, Sintaxe, Pontuação, Semântica, Noções Elementares de Estilística* e *Noções Elementares de Versificação*, além de um *Apêndice*, em que acresce exemplos de análise estilística e dois sonetos.

Dessa maneira, a obra está de acordo com as normas e tendências mais atualizadas da época, traduzindo-se em uma excelente fonte de consulta até hoje, mais de 40 anos depois de sua primeira publicação, passando por quase 40 edições, atingindo um público heterogêneo, que vai de alunos das escolas secundárias a professores e estudiosos de várias áreas. Pontuamos que o autor segue a tendência de sua época, também, ao enfocar a humildade, postura clássica entre os autores. Assim, leiamos:

> Com a humildade necessária a tais empresas, sabemos que as pessoas competentes poderão facilmente verificar que fizemos uma revisão em quase todos os assuntos de que se compõe este livro, e muitos dos quais encontram aqui um desenvolvimento ainda não conhecido em trabalho congênere.

O autor esclarece que, para os que têm competência, é facilmente percebida a revisão de quase todos os assuntos e salienta, ainda, que alguns tópicos são tratados de forma inusitada, não havendo, até aquela data, nenhum trabalho semelhante, fato que mostra o quão atualizado e preocupado em trazer para o país uma obra que mostre o que de mais moderno há em termos de estudos lingüísticos devidamente adequados aos propósitos da sua obra.

Observamos que, na década de 1960, essa gramática marcou presença nos estabelecimentos de ensino secundário, nos grandes centros culturais do país e nos lares brasileiros. Bechara repensou a educação, antes mesmo de os educadores e autoridades atentarem para isso. Escreveu uma obra com clareza, correção e objetividade dignas de um mestre, oferecendo-a aos mestres — no preparo de suas aulas —, aos alunos — nos estudos do vernáculo —, e aos estudiosos — nos estudos e esclarecimentos a respeito da língua portuguesa. Ao se referir ao *compêndio escolar escrito em estilo simples*, sua meta é, sem dúvida, escrever a um maior número possível de interessados/estudiosos que, de alguma maneira, tenham dificuldades em aprender e em tirar dúvidas. Sua *Moderna gramática* enriquece o leque de gramáticas existentes, justificando e ratificando o rastro de competência e idoneidade que acompanham o autor.

Considerações finais

A década de 1960 foi um marco na sociedade brasileira. Deixando para trás os "Anos dourados", os anos 1960 impingiram uma mudança de postura social, política, econômica, cultural e, como não poderia deixar de ser, educacional no Brasil.

Durante os "Anos de chumbo", período mais difícil da Ditadura Militar, um significativo endurecimento do regime militar se fez presente, infringindo os direitos civis dos cidadãos brasileiros que viram na escola uma possibilidade de denúncia e, ao mesmo tempo, de reconquista da liberdade de expressão, roubada pelos militares.

Nesse contexto de repressão e de leis promulgadas "em prol" da "educação para todos", encontra-se a *Moderna gramática portuguesa* de Evanildo Bechara, em paridade com a NGB e com o último acordo ortográfico. Sua obra contribuiu para que o estudante, o professor e o estudioso tivessem um material de referência para suas consultas. Segundo o próprio autor, no Prefácio, enxergamos a razão de ser da obra: "ao escrever esta *Moderna gramática portuguesa*, foi nosso intuito levar ao magistério brasileiro, num compêndio escolar escrito em estilo simples, o resultado dos progressos que os modernos estudos da linguagem alcançaram no estrangeiro e em nosso país."

De importância ímpar para os estudos de Língua Portuguesa, a obra adentra as décadas de 1970, 1980 e 1990, sempre presente nas escolas secundárias, indo culminar na 37ª edição, em 1999, com a reformulação e adequação, já com vistas no século XXI.

Referências bibliográficas

1. Fontes primárias

BECHARA, E. (1961) *Moderna gramática portuguesa*. 37ª ed. 1999, 13ª reimpressão, 2003.

2. Fontes secundárias

BREJON, M. (org.). *Estrutura e funcionamento do ensino de 1º e 2º graus*. 24ª ed. São Paulo: Pioneira, 1993.
CARNEIRO, M.A. *LDB — fácil. Leitura crítico-compreensiva artigo a artigo*. 3ª ed. Petrópolis, RJ: Vozes, 1998.
CHAGAS, W. "Núcleo Comum para os Currículos do Ensino de 1º e 2º Graus". In: *Revista Brasileira de Esudos Pedagógicos*. Rio de Janeiro, nº 125, p. 32-58, janeiro a março, 1972.
COSTA, L.C.A. e MELLO, L.I.A. *História do Brasil*. São Paulo: Scipione, 2000.
FAUSTO, B. *História do Brasil*. 9ª ed. São Paulo: EDUSP, 2001.
GHIRARDELLI JR., P. *História da educação*. 2ª ed. revista — Série Formação do Professor. São Paulo: Cortez, 1994.

GOMES, A.C. e D'ARAÚJO. *Getulismo e trabalhismo*. São Paulo: Ática, 1989.

RIBEIRO, M.L.S. *História da educação brasileira: a organização escolar*. 15ª ed. revista e ampliada. Campinas, SP: Autores Associados, 1998.

ROMANELLI, O. *História da educação no Brasil*. 20ª ed. Petrópolis, RJ: Vozes, 1998.

SANTOS, C.R. *Educação escolar brasileira: estrutura / administração / legislação*. São Paulo: Pioneira, 1999.

CAPÍTULO 7

A *Moderna gramática portuguesa* de Evanildo Bechara: Uma proposta lingüística para o século XXI

Dieli Vesaro Palma (IP-PUC/SP)
Maria de Fátima Mendes (IP-PUC/SP)

> En el fondo, la perplejidad frente al cambio lingüístico y la tendencia a considerarlo como fenómeno espúrio, provocado por "fatores externos", se deben al hecho de partir de la lengua abstracta — y por lo tanto, estática —, separada del hablar y considerada como cosa hecha, como ergon, sin siquiera preguntarse qué son y cómo existen realmente las lenguas y qué significa propiamente "um cambio" en una lengua. (E. Coseriu, *Sincronía, Diacronía e Historia*)

O tema deste capítulo é a *Moderna gramática portuguesa*, com edição revista e ampliada, publicada em 1999. Objetiva-se discutir as mudanças que esse compêndio gramatical apresenta em relação às edições anteriores. A análise será feita com vistas a descrever e explicar o documento em foco, observando-se os princípios da Historiografia Lingüística. Inicia-se pela contextualização, passa-se à imanência e, finalmente, aplica-se a adequação.

1. A contextualização

No raiar do século XXI, vivemos num mundo globalizado, conquistado e transformado pelo grande processo econômico, tecnológico e científico do desenvolvimento do capitalismo, que dominou os últimos séculos. A partir dos anos 1980, a economia mundial inicia um processo de globalização em que diversos setores da atividade econômica integram-se, isto é, passam a atuar em conjunto no mundo inteiro. A importância dessa globalização é que grandes empresas instalam filiais em vários países com o intuito de unificar suas atividades de produção. O Brasil também se beneficiou com a globalização, pois as grandes empresas transnacionais sempre procuraram vencer seus concorrentes e aumentar seus lucros, ou seja, produzem suas mercadorias nos países que mais vantagens lhes oferecem, buscando, assim, vender seus produtos no mundo inteiro. Com isso, há um aumento nas exportações e os consumidores de vários países passam a ter acesso a muitos produtos brasileiros. Essa inserção do Brasil no mercado internacional resultará em alterações na economia nacional.

Piletti *et alli*. (2002) afirmam que, no final do século XX, os Estados Unidos são considerados a maior potência econômica e militar do mundo, apresentando uma economia poderosa e elevada junto a outros países como o Japão e a Alemanha, que possuem a indústria mais avançada do planeta. Nesse período, uma das áreas de grande avanço tecnológico no setor da economia norte-americana foi a da informática, tanto em relação à produção de equipamentos (*hardware*), quanto em relação à produção de programas para computadores (*software*).

Outro setor de crescimento está na área da telecomunicação. Gigantescas redes de comunicação por fibra óptica e por satélites possibilitam o tráfego de informações de televisão, de rádio e de telefone, bem como o de dados dos mercados financeiro, comercial, científico, etc. Destaca-se, nesse setor, a internet, rede mundial de computadores que teve sua origem nos Estados Unidos no final da década de 1960 e que, atualmente, interliga os usuários do mundo inteiro. Seu auge ocorre a partir dos anos 1990, com o aumento do número de usuários e de aplicações.

De acordo com Fausto (2006), no curso dos anos de 1980 a 1990, ocorre a derrocada do Leste Europeu, que leva ao fim da Guerra Fria e mostra a falência da economia estatizada sob controle totalitário. As concepções da divisão do mundo em dois blocos opostos perdem a base de sustentação. Nesse contexto, os países emergentes, incluindo o Brasil, enfrentam novos desafios. A união de um bloco de países da América Latina torna-se uma necessidade urgente. Assim, é criado o Mercosul, pacto formado pelo Brasil, Argentina Uruguai e Paraguai. Com grandes dificuldades, o Mercosul representa um importante passo no sentido de estreitamento de laços econômicos e culturais entre esses países.

Destaca-se que a economia brasileira está estagnada no decorrer desses anos. É um momento em que o povo brasileiro desacredita o futuro da nação. Intermináveis revelações de corrupção política mancham a imagem do país.

De acordo com Hernâni (2000), nesse período, segue-se uma série de presidentes medíocres, decorrente da morte de Tancredo Neves em 1985: vem o desempenho em causa própria de José Sarney, o governo aberrante e mentiroso de Fernando Collor de Mello e o comportamento excêntrico de Itamar Franco, que estava aquém do que o povo brasileiro merecia. De fato, há mais esperança nos movimentos cívicos, como a campanha de 1984 para eleições diretas para presidente e a campanha popular de 1992 que leva ao *impeachment* de Collor.

Na realidade, depois de 21 anos de governos militares, a maioria da população almeja por mudanças, como o direito de escolher o presidente. Nesse contexto, no final de 1983 e início de 1984, acontece a campanha pelas eleições diretas para presidente da República. É a campanha das "Diretas Já".

A eleição ocorre em janeiro de 1985, tendo como vencedor Tancredo Neves, porém ele não toma posse devido a um grave problema de saúde que o leva à morte. Assume José Sarney, que lança um plano de grande impacto para derrubar a inflação: o Plano Cruzado. Ele propunha dois pontos principais: a substituição do cruzeiro pelo cruzado e o congelamento de preços por um ano. O plano fracassa, pois começam a faltar mercadorias e os empresários fazem pequenas modificações nos produtos para lançá-los como novos e aumentar o preço. Novamente a inflação volta a subir.

Em 1990, assume a presidência Fernando Collor de Mello. Empossado, cria o Plano Collor, que tem como meta o confisco monetário, o congelamento de preços e salários, a extinção de repartições públicas e a demissão de funcionários. O plano não obtém sucesso, pois Collor é denunciado por corrupção e irregularidades e tem sua vida particular vasculhada pela imprensa e pelo Congresso Nacional. Deputados votam pelo impedimento do presidente e, horas antes de isso ocorrer, Collor renuncia e são suspensos por oito anos seus direitos políticos.

Com o *impeachment* de Collor, Itamar Franco assume a presidência e convida o sociólogo Fernando Henrique Cardoso para ocupar o Ministério da Fazenda, o qual lança o Plano Real de estabilização, que consistia na adoção de uma nova moeda: o *Real*. Essa proposta consegue fazer a inflação cair quase a zero. Os preços dos produtos estabilizam-se e os salários deixam de perder o valor. O Plano Real revela-se prático e bem-sucedido no controle da inflação, e é esse o grande trunfo com o qual seu autor consegue ganhar as eleições para presidente em 1994. Ao assumir a presidência, Fernando Henrique dá início a uma série de reformas, com o objetivo de estabilizar e modernizar a economia do país.

Em 1998, é reeleito para seu segundo mandato. Nesse momento, a euforia do Plano Real começa a dar lugar a uma grave crise econômica, que torna dramática a vida da população mais pobre pelo desemprego e pela falta de uma política social de governo. Assim, em 1999, começam as críticas ao governo de Fernando Henrique Cardoso e as expectativas iniciais do plano começam a reverter.

Uma das crises mais graves desse momento é que, para manter a inflação baixa, o governo estimula a entrada de dólares no país, os quais são usados para controlar o valor do *Real*. Ao lado disso, uma séria crise atinge a Rússia, que fica sem dinheiro para pagar a dívida externa. Os investidores que aplicam dólares no Brasil ficam com medo de que aqui possa acontecer a mesma coisa e retiram o que haviam aplicado. As reservas do Banco Central caem e o *Real* perde seu valor frente ao dólar, ou seja, a moeda sofre uma desvalorização.

Nesse cenário, vale destacar ainda alguns indicadores de mudança que integram o cenário cultural no final do século XX. A música popular tem uma grande produção e é considerada um importante documento para mostrar a realidade brasileira. Nos anos de 1980, diante da falta de perspectivas políticas e sociais, conjuntos de música *pop*, como o grupo Legião Urbana, cantam a melancolia e o desencanto dos jovens. Na década de 1990, como parte do processo da abertura política e também como resultado de uma visão mais consciente da realidade brasileira, esses grupos retomam o caminho da crítica social. A canção "Que país é este" é um exemplo forte para mostrar a situação em que o país vivia. A letra denuncia os problemas políticos e sociais do Brasil. A música popular também conhece uma mistura de ritmos produzidos regionalmente, como o *rock*, o *reggae* e o *funk*.

Com a democratização política do país, as disputas eleitorais tornam-se mais acirradas. Agências de propaganda são contratadas para produzir e vender imagens positivas de candidatos a cargos políticos, como se estivessem divulgando uma mercadoria. A mídia, principalmente a TV, é usada para manipular a opinião pública.

De acordo com Skidmore (2003), em 1986, após o retorno das eleições presidenciais, há um aumento excessivo de aparelhos de TV, ajudado por termos de instalação favoráveis induzidos pelo governo. O número de estações havia aumentado muito rapidamente. Percebe-se, então, a influência do governo em utilizar os meios de comunicação para alcançar seus propósitos: as eleições.

Em 1985, a TV Globo torna-se uma das melhores emissoras do mundo, com uma audiência altíssima. Suas telenovelas noturnas ganham um público fanático e são exportadas para vários países, mostrando que produtores, escritores e atores haviam gerado um produto de fama internacional. Para aqueles que se preocupam com a identidade do Brasil, esse é um outro sinal de sucesso no cenário mundial.

Na década de 1980, o cinema passa por uma crise muito difícil, pois a indústria brasileira está em declínio e torna-se praticamente moribunda quando o governo de Collor elimina os subsídios federais aos produtores cinematográficos. Nos anos de 1990, ela vive um certo fracasso junto ao público devido à extinção da empresa estatal Embrafilme (Empresa Brasileira de Filmes). Começa a se recuperar a partir de 1994, quando há um aumento no número de boas produções. Em 1998, o filme *Central do Brasil* recebe o prêmio Urso de Ouro no Festival de Berlim, além de vários outros prêmios internacionais, o que aponta uma perspectiva de recuperação desse setor.

De acordo com Skidmore (2003), no início dos anos de 1980, a produção literária está estagnada, ou seja, os autores produziam muito pouco. A esse respeito, o romancista Ignácio de Loyola afirma em 1988: *há uma crise de criatividade afetando os escritores mais velhos, que não estão produzindo nada, e que estão bloqueando os jovens.* (apud: Skidmore, 2003:294).

É um momento em que as livrarias estão cheias de livros de auto-ajuda, cujos temas vão desde como ter êxito nos negócios até como tolerar seu cônjuge. A revista *Veja* aumenta sua lista de *best-sellers* de ficção/não-ficção para inserir a nova categoria de auto-ajuda. Vários títulos têm um tom místico. O escritor Paulo Coelho é muito popular. O leitor brasileiro volta-se para si, distante da situação de confusão e de tensão da política contemporânea e dos intermináveis problemas sociais.

No entanto, a década de 1990 vem com uma reação construtiva da parte dos autores. Vários escritores publicam biografias de importantes personagens históricos, como a de Jorge Caldeira sobre o Barão de Mauá (1995); a de Fernando Morais sobre Assis Chateaubriand (1994), entre outras. Essas obras refletem o desejo de recapturar o passado por meio de alguma personalidade importante. Isso significa buscar as raízes de um Brasil mais autêntico para esquecer o pesadelo representado pelos nossos governantes.

No que tange à Educação brasileira, destaca-se ainda que, nos anos de 1980, ela é uma das piores do mundo. De acordo com Skidmore (*op. cit.*), nas principais cidades, as escolas públicas estão em abandono físico e decadência educacional. Os salários dos professores são baixos e os docentes têm péssimas condições de trabalho. Na verdade, do dinheiro destinado à Educação, muito pouco chega às escolas, pois o problema está ou nas fraudes ou na incompetência burocrática. Os alunos repetem as séries elementares numa proporção mais alta do que em qualquer outro país. Os resultados são as altas taxas de evasão escolar, há uma enorme quantidade de crianças semi-analfabetas e a maioria delas acaba por ingressar no mercado de trabalho sem completar o segundo grau. Dessa forma, as escolas públicas tornam-se tão burocratizadas, corruptas e arcaicas em sua pedagogia que as empresas resolvem investir grandes somas para proporcionar o preparo que seus funcionários deveriam ter adquirido na escola. A classe média, com maior poder aquisitivo, matricula seus filhos em escolas particulares.

A partir da década de 1990, há uma redução do analfabetismo devido a um esforço continuado do governo. Em outras palavras, esse crescer dos índices de alfabetização tem por raiz a Lei de Diretrizes e Bases, sancionada em 1996. Implantam-se programas de alfabetização, programas de matrícula, classes de aceleração e o sistema "Bolsa Família", estimulando os pais a permitir a freqüência dos filhos à escola. Logo, há uma união entre estados e municípios no que diz respeito a investimentos para a Educação. Apesar disso, o Brasil ainda chega ao final do século XX com 15 milhões e meio de cidadãos analfabetos.

O clima de opinião descrito teve repercussões nos estudos sobre a linguagem. As idéias que circulam nesse período, sobretudo o interesse por questões linguajeiras no campo da Filosofia, propiciam o surgimento de diferentes paradigmas voltados à compreensão de fenômenos dessa natureza. Assim, a partir dos anos 1980, a Lingüística do Discurso, preocupada com a heterogeneidade lingüística e a língua em uso, sobrepõe-se à Lingüística do Sistema, não impedindo, porém, que convivam os modelos formais e os funcionais na busca de explicação do funcionamento da linguagem.

Abrigando em seu bojo correntes teóricas como a Lingüística Textual, a Lingüística Funcional e a Lingüística Cognitiva, a Lingüística do Discurso dá relevo a aspectos como a comunicação, a diversidade lingüística, a interação e a construção de sentido. Muitos desses aspectos estão contemplados na gramática sob análise, uma vez que um de seus esteios teóricos são as idéias de Coseriu (1973:283-4), o qual propõe que

> ... la lengua cambia sin cesar, pero el cambio no la destruye y no la afecta en su "ser lengua", que se mantiene siempre intacto. Ello, sin embargo, no significa que el "ser sistema" sea independiente del cambio, sino todo lo contrario, porque el cambio de la lengua tiene un sentido radicalmente diverso del que tiene el cambio en el mundo natural. El cambio "destruye" los objetos y organismos naturales: los transforma en outra cosa de lo que son o los hace morir. Viceversa, el cambio en la lengua no es "alteración" o "deterioro", como dice terminología naturalista, sino reconstrucción, renovación del sistema, y asegura su continuidad y su funcionamiento.
> [...]
> La lengua se hace, pero su hacerse es un hacerse histórico, y no cotidiano: es un hacerse en un marco de permanecia y de continuidad.

2. Análise da gramática: o princípio da imanência

É nesse contexto de final de milênio que surge a 37ª ed., revista e ampliada, da *Moderna gramática portuguesa*, em 1999. Esse trabalho de Bechara, quando de sua publicação em 1961, teve muito sucesso, sobretudo por diferenciar-se de outros similares, já que apresentava aspectos que não haviam sido previstos pela NGB. Ele passou por muitas edições, consagrando-se como referência para os professores de língua materna. São objeto de análise, na atual edição, o prefácio, os conceitos de linguagem, língua e gramática, bem como a estrutura da obra.

No prefácio da nova publicação, o autor destaca que todas as seções da obra passaram por reformulações, decorrentes não só de seu amadurecimento como estudioso da linguagem no nível teórico, mas também resultantes das críticas recebidas e da leitura de nossos melhores escritores. Ela tem como intuito levar ao público leitor um livro novo e amadurecido por leituras atentas e minuciosas dos teóricos da linguagem. Dessa forma, as revisões não foram processadas ao acaso, estando, porém, fundamentadas no conhecimento mais profundo do autor e nas contribuições de estudiosos afeitos ao domínio da língua.

Ele enumera, no prefácio, nessa apresentação, os pesquisadores que servem de base para a revisão, citando nomes como os de Mário Barreto e

Epifânio Dias, além de Said Ali, já apresentado na primeira edição. Dedica a atual publicação a Eugenio Coseriu, Herculano de Carvalho e Mattoso Câmara Júnior pelo quanto legaram aos estudos da linguagem. Também não são esquecidos pesquisadores das línguas românicas, como Emílio Alarcos Llorac, entre outros. A apresentação desses autores aponta para o fundamento científico que está presente na construção das idéias do autor.

Na verdade, a nova edição é o aprofundamento de uma diretriz que já estava presente na edição anterior, que é a vinculação entre teoria lingüística e gramática, apontando que há um sólido embasamento lingüístico marcado pelas idéias de Eugenio Coseriu no aprofundamento de questões de Língua Portuguesa (cf. Kehdi, 2001:44-45). Bechara enfatiza que, em sua atual feição, a obra "pode oferecer elementos de efetiva operacionalização para uma proposta de reformulação da teoria gramatical entre nós, especialmente quando aplicada a uma obra da natureza desta *Moderna gramática portuguesa*, que alia a preocupação de uma científica descrição sincrônica a uma visão sadia da gramática normativa, libertada do ranço do antigo *magister dixit* sem baralhar os objetivos das duas disciplinas" (p. 19-20). Vê-se, assim, que o autor objetiva uma descrição sincrônica seguindo os moldes científicos, aliada a uma nova visão da gramática normativa, livre da rígida prescrição tradicional, ao mesmo tempo que pretende evidenciar os objetivos distintos das duas disciplinas. Em suma, Bechara busca apresentar uma gramática normativa científica.

Analisando-se atentamente o texto, verifica-se que figuram ainda usos que não são correntes no Português atual, quer falado, quer escrito, como o emprego do pronome demonstrativo "o" em realizações como "Arquiteto do mosteiro de Santa Maria já o não sou" (Alexandre Herculano) ou "(...) residia a viúva, que o era de um fidalgo da casa de Azevedo" (Camilo Castelo Branco). Vê-se que não são formas de expressão do português atual, pelo menos do português brasileiro, sendo exemplos característicos do linguajar do século XIX, ou seja, torneios verbais típicos da língua utilizada há mais de cem anos. Se o autor define sincronia como "a referência à língua em um dado momento do seu percurso histórico, *sincronizada* com seus falantes, e considerada no seu funcionamento no falar como descrição sistemática e estrutural de um só sistema lingüístico" (p. 40; grifo nosso), e se seu objetivo é uma descrição sincrônica do Português no alvorecer do século XXI, pergunta-se qual é a função de exemplos como os acima apontados neste trabalho? Continua, dessa forma, na nova edição a escolha de autores muito distantes no tempo, com usos de linguagem desconhecidos dos usuários atuais do português, logo sem sincronização com eles, fato que, de certa forma, contradiz o pensamento de Coseriu, que firma, em diferentes momentos, uma posição como a que se segue (1973:254-255):

> *Es que, en realidad, un sistema lingüístico en uso es siempre sincrónico en dos sentidos: en el sentido de que, en cada momento, cada uno de sus elementos se halla en relación con otros, y en el sentido de que el sistema mismo se halla sincronizado con sus usuários (cf. 1.2.1.). Pero, precisamente, por esta última razón, no es estático sino dinámico. Además, la "estaticidad", a pesar de la aparente paradoja, no es un hecho sincrónico sino diacrónico: para comprobarla hay que moverse en la línea del tiempo. (cf. I, 3.3.1.)*

Também são esquecidas outras manifestações cultas da língua como, por exemplo, aquela usada pela mídia impressa, que pode expressar, de forma mais clara, a sincronização dos usuários com a língua, embora não seja a manifestação verbal tradicionalmente endossada pela gramática normativa.

Nesta edição, diferentemente das anteriores, o conceito de linguagem é apresentado. É definido como "qualquer sistema de signos simbólicos empregados na intercomunicação social para expressar e comunicar idéias e sentimentos, isto é, conteúdos da consciência" (p. 29). Verifica-se que o autor propõe um conceito amplo de linguagem, o que pode ser corroborado pela definição de sistema e signo ou sinal propostos. Entretanto, o gramático parece flutuar entre o conceito amplo e o restrito de linguagem, entendido este último como específico da linguagem verbal, porque afirma que "a linguagem se realiza historicamente mediante sistema de isoglossas comprovados numa comunidade de falantes, conhecidos com o nome de línguas, como veremos adiante" (p. 29). Essa mesma flutuação está presente ao ser conceituado signo ou sinal, quando são dadas, a título de exemplificação, "as nuvens pretas no céu", indicadoras de chuva, e a desinência —s em "livros", marca de plural. Vê-se, assim, que aqui a linguagem é tratada como "conjunto intrincado de formas sociais de comunicação e de significação, que inclui a linguagem verbal, mas abarca, também, outros sistemas codificados como o da moda ou dos surdos-mudos". (Santaella, 1983:13)

Ao tratar das dimensões da linguagem, Bechara destaca que é preciso considerar-se "a capacidade geral de expressão e de atividades que acompanham e, às vezes, substituem" a linguagem verbal. Refere-se a aspectos hoje englobados pela Cinética e pela Paralingüística, além do uso de recursos gráficos que se agregam ao verbal na construção de sentidos. Vê-se que aqui está claramente delineada a distinção entre a linguagem verbal e as linguagens não-verbais, todas manifestações da capacidade humana de representar o mundo por meio de conjuntos significantes, ou seja, por meio de linguagem.

Logo a seguir, entretanto, Bechara afirma: "No que toca estritamente à *linguagem humana* (grifo nosso), pois só ela é a linguagem objeto da Lingüística, os signos lingüísticos diferem dos símbolos..." (p. 28). Tal afirmação enfatiza um aspecto particular da linguagem humana, a linguagem verbal, como se o gramático caracterizasse a linguagem na sua totalidade, negando, assim, o que havia sido proposto anteriormente, ou seja, a relação do homem com signos não-verbais como manifestação da função simbólica. Essa separação persiste ao serem apresentadas as Dimensões Universais da Linguagem, a saber, criatividade (ou enérgeia), materialidade, semanticidade, alteridade e historicidade, que o autor propõe como marcas da linguagem, "entendida como atividade humana de falar" (p. 29). Além de excluir as formas não-verbais de linguagem humana, Bechara limita essa capacidade do homem ao aspecto individual da linguagem verbal, abandonando seu caráter social.

As dimensões universais são assim caracterizadas: *Criatividade*, porque a linguagem é livre e criadora, ou seja, vai além do aprendido, não repetindo apenas o produzido. *Materialidade*, porque a linguagem é uma atividade fisiológica e psíquica, pois implica na utilização dos órgãos de fonação, e, na verdade, o nível biológico da linguagem. *Semanticidade*, porque a cada forma corresponde um conteúdo significativo, já que na linguagem tudo significa, tudo é semântico. *Alteridade*, porque o significar é sempre "um ser comunicando-se com outro", próprio da natureza político-social do homem. *Historicidade*, porque a linguagem se apresenta sob a forma da língua. Em outras palavras, não existe desacompanhada de sua referência histórica: só há *língua portuguesa, língua inglesa, língua francesa*, etc. Vê-se, portanto, que essas dimensões focam essencialmente a linguagem verbal, desconsiderando a não-verbal.

Essa posição de Bechara, ao considerar que a linguagem como atividade humana universal do falar distingue-se em três planos, *Universal, Individual e Histórico*, decorre da base teórica que postula. Esses três tópicos estão ligados às idéias de Coseriu (1980:91), que afirma ser a linguagem uma atividade *universal* realizada de forma *individual*, mas seguindo sempre técnicas *historicamente* determinadas (línguas). Logo, a linguagem mostra-se sempre como línguas (italiano, português, francês, etc.). Assim, não há falar que não seja falar uma língua. Para Coseriu, no nível universal, a linguagem é o falar em geral (saber elocucional), não determinado historicamente, considerado apenas sob o ângulo da técnica, do produto, ou melhor, é o *falado*, a totalidade do que se disse. No nível individual, a linguagem como atividade é o discurso, ou seja, o ato lingüístico de um determinado indivíduo numa dada situação; é o saber expressivo e tem como produto o texto (falado ou escrito). No nível histórico, a linguagem como atividade é a *língua concreta*, que se manifesta no falar, como determinação histórica deste falar (falar português, inglês, francês, etc., como já foi dito acima); e como "potencialidade" é a língua enquanto saber tradicional de uma comunidade (saber "idiomático").

Na realidade, a distinção desses três níveis de linguagem, segundo Coseriu (p. 99), é importante e necessária porque corresponde a três níveis de funcionalidade: a *designação*, o *significado* e o *sentido*. A designação é a referência à "realidade", ou seja, a relação entre uma expressão lingüística e um "estado de coisas", entre signo e "coisa" designada. O *significado* é o conteúdo de um signo ou de uma expressão enquanto dado numa determinada língua e exclusivamente por meio dessa mesma língua. O *sentido*, por sua vez, é o conteúdo próprio de um texto, o que ele exprime além e por meio da designação e do significado.

Para Bechara, na atividade do falar existem três pontos de vista diferentes: a) atividade criadora que se serve de um saber já adquirido para dizer algo novo e com capacidade de criar um saber lingüístico; é o sentido próprio de *enérgeia*, ou seja, uma língua é "forma" e "potência" de uma *enérgeia*; b) o saber que está subjacente à atividade, ou seja, como a *competência* ou como o que Aristóteles chamava *dínamis*; c) o produto criado pela atividade do falar individual, ou seja, como obra ou *érgon*, o texto.

Assim, a linguagem realiza-se de acordo com um saber adquirido e apresenta-se sob a forma de fatos objetivos ou produtos. A esse respeito, Bechara, apoiado em Humboldt, que se fundamenta em conceitos aristotélicos, afirma que *a linguagem não é* érgon *"produto", "coisa feita", mas* enérgeia, *atividade criadora, isto é, que vai além da técnica "aprendida", além do seu saber* (dínamis). (1999:33). Logo, *a linguagem pode ser considerada como fato de criação (atividade criadora), como fato de técnica (potencialidade, saber) ou como produto*, segundo Coseriu (1980:92).

A realidade concreta da linguagem é, na verdade, um ato lingüístico, concebido como cada unidade de comunicação da linguagem humana, seja uma palavra, seja uma frase. Os atos lingüísticos não se mostram de maneira idêntica de falante para falante de uma mesma comunidade. Essa diversidade não se realiza somente na forma material, isto é, na expressão do ato lingüístico, mas também no seu significado, ou seja, no seu conteúdo.

Sabe-se que, ao longo dos tempos, a linguagem tem sido concebida de diferentes formas, como representação, como significação, como comunicação, como ação e como interação. Num sentido bastante amplo, já que questões como o papel das imagens construídas pelos interlocutores, o caráter contratual ou polêmico da comunicação, o alargamento da circulação do dizer na sociedade — entre outras discutidas por Pessoa de Barros (2002:43) — não são discutidos por Bechara, poder-se-ia dizer que ele propõe a linguagem como interação. Essa proposta justifica-se pelo fato de o autor considerar a linguagem na intercomunicação social e de destacar como dimensão universal a alteridade pela qual o significar é "sempre um 'ser com os outros', próprio da natureza político-social do homem, de indivíduos que são sempre homens juntos a outros e, por exemplo, como falantes e ouvintes, são sempre co-falantes e co-ouvintes" (p. 29).

Da mesma forma que na edição anterior, o autor, nessa, também define língua. Apresenta-a como "um sistema de isoglossas comprovado numa comunidade lingüística" (p. 31), chamando a atenção para o fato de que o entendimento do que seja sistema de isoglossas pode ser mais largo ou mais estreito, podendo, assim, abranger tanto as línguas históricas (língua portuguesa, língua espanhola, etc.) como os cortes feitos nessas línguas históricas, como o caso do português do Brasil, distinguindo-o do português europeu, o português de um grupo, como o paulista familiar, ou o de um falante, como o português de Machado de Assis ou de um analfabeto. A partir dessa definição, verifica-se que Bechara não só revê o conceito de língua como também focaliza-o numa perspectiva sociolingüística, levando em conta a variação existente.

O autor considera ainda que a Língua apresenta modalidades. Propõe, inicialmente, duas modalidades: a histórica e a funcional.

Entende-se por língua histórica a língua como produto cultural histórico, constituída como uma unidade ideal, reconhecida pelos falantes nativos ou por falantes de outras línguas, praticada nas comunidades desse domínio lingüístico como, por exemplo, a língua portuguesa, a francesa, a inglesa, etc. Na verdade, a língua histórica contém várias tradições lingüísticas, de extensão e limite variáveis, marcadas pela analogia e pela divergência, estando, porém, sempre historicamente relacionadas. Portanto, uma língua histórica nunca é um sistema único, mas, sempre, um conjunto de sistemas. Dela fazem parte as diferenças diatópicas (os diferentes dialetos), as diastráticas (os diferentes níveis de língua e de estratos sociais) e as diafásicas (as diferentes situações do falar e os estilos de língua).

A língua funcional, por sua vez, é o objeto próprio da descrição estrutural e funcional. Uma gramática como produto dessa descrição nunca é espelho da língua histórica; é apenas a descrição de *uma* das suas línguas funcionais. De acordo com Bechara, a língua funcional apresenta quatro planos de estruturação: o do *falar concreto*, que é o plano da realização, ou seja, uma técnica idiomática efetivamente realizada, e três planos de técnica ou saber: o da *norma*, o do *sistema* e o do *tipo lingüístico*, que se referem à estruturação de uma mesma técnica idiomática. Assim, a *norma* contém tudo o que é tradicional, comum e constante na língua, desconsiderando o funcional. Então, ela leva em conta tudo o que se diz "assim e não de outra maneira" (p. 42). Já o *sistema* contém apenas as oposições funcionais, isto é, tudo aquilo que na técnica lingüística é distintivo, possibilitando diferenciar, tanto no plano da expressão como no do conteúdo, as unidades lingüísticas. Ele configura-se como um sistema de possibilidades em relação à norma. Esses dois planos de uma língua funcional, a norma e o sistema, refletem a sua estrutura. Por último, o *tipo lingüístico* é o mais alto plano na técnica da língua. "É o conjunto coerente de categorias funcionais e de tipos de procedimentos materiais que configuram um ou diferentes sistemas: compreende as categorias de oposições de expressão e de conteúdo e os tipos de funções." (p. 43-44). Ele configura-se como um sistema de possibilidades em relação ao sistema.

Para Coseriu (1980:119), o *falar concreto* corresponde aproximadamente à *parole* de Saussure. A norma e o sistema correspondem juntos, aproximadamente, à *langue* saussuriana. E o ato lingüístico é uma ordem de estruturação que não foi identificada pelo lingüista genebrino.

Destaca-se ainda que, num discurso, pode aparecer mais de uma língua funcional, principalmente se houver mudanças de circunstâncias e fatores (destinatário, objeto, situação). Nessa medida, todo falante de uma língua histórica é plurilíngüe, porque domina ativa ou passivamente mais de uma língua funcional. Na verdade, o sucesso da educação lingüística é transformá-lo num "poliglota" em sua própria língua. Enfatiza-se, portanto, que na constituição do discurso há sempre uma língua funcional que se sobrepõe às demais.

Destaca Bechara que, embora predomine sempre uma língua funcional nos discursos e nos textos, podem neles se manifestar diversas línguas funcionais. Esse fato decorre do plurilingüismo que caracteriza os falantes de uma língua histórica, devendo a educação lingüística tornar o usuário um poliglota em sua língua nacional. Apesar de privilegiar a variante culta, o gramático considera que a formação lingüística deva voltar-se também para outras variantes da língua. Nesse sentido, ele aponta uma direção a ser seguida pela escola, no que tange ao ensino da língua materna.

De fato, a língua funcional é aquela que se mostra idealmente homogênea e unitária, ou seja, aquela que se apresenta sintópica, sinstrática e sinfásica. Logo, ela revela um único dialeto, um único nível e um único estilo. Recebe o nome de funcional porque "é a modalidade que de maneira imediata e efetiva funciona nos discursos e textos" (1999:38).

Conquanto aponte a homogeneidade e unidade da língua funcional, o autor aponta a sua relatividade decorrente das diferenças estilísticas nela presentes. Mostra, entretanto, que, por exigências metodológicas e de coerência interna, só é possível descreverem-se realidades unas e homogêneas, daí ser a língua funcional o objeto de descrição estrutural e funcional. Nesse sentido, afirma (p. 39):

> Uma gramática como produto desta descrição nunca é o espelho da língua histórica; é apenas a descrição de uma das suas línguas funcionais. Por isso não se há de exigir desta gramática o registro de fatos que pertençam a línguas funcionais diferentes: nisto consiste a diferença entre estrutura e arquitetura.

Apresenta a estrutura como a descrição da homogeneidade de uma língua funcional, isto é, a descrição das oposições funcionais na expressão e no conteúdo de uma mesma técnica idiomática. Assim, a descrição do sistema flexional verbal no português padrão é uma questão de estrutura.

Ao focalizar os temas — língua histórica e língua funcional —, além de apresentar esses dois conceitos, Bechara introduz a distinção entre arquitetura e estrutura. A primeira indica a diversidade interna de uma língua histórica, na qual coexistem, para funções análogas, formas distintas e vice-versa. Logo, ela explicita a diversidade de línguas funcionais. Assim, a comparação do sistema flexional verbal utilizado no português familiar e no português caipira é um fato de arquitetura do português brasileiro.

A estrutura, por sua vez, descreve as oposições funcionais no plano da expressão e no do conteúdo de uma mesma técnica idiomática. Ela diz respeito, portanto, à homogeneidade de uma língua funcional. Nesse sentido, a descrição dos pronomes *o* e *lhe* no Português padrão ou exemplar é um fato da estrutura dessa língua funcional.

Assim, a estrutura, valorizando a homogeneidade de uma língua funcional, aponta a atuação de um subsistema no nível do macrossistema, enquanto a arquitetura, focalizando a diversidade de uma língua histórica, espelha possibilidades entre subsistemas pertencentes ao macrossistema. Dessa forma, introduzindo os conceitos de estrutura e de arquitetura, Bechara busca estabelecer uma ligação harmoniosa entre duas realidades contraditórias e constantemente presentes na língua, qual seja, a relação entre homogeneidade e heterogeneidade, equacionando um problema de difícil solução para os estudiosos da linguagem.

Além da língua histórica e da língua funcional, o autor traz também o conceito de língua comum e de dialeto. Partindo da diversidade que caracteriza a língua histórica, mostra, que, no decorrer do tempo, por razões políticas e culturais, os falantes elegem uma modalidade, entre as diversas existentes, como veículo de comunicação entre diferentes comunidades. Esse dialeto escolhido sobrepõe-se à diversidade regional, tornando-se a língua comum, que reflete uma unidade lingüística ideal. Nesse sentido, o autor afirma que a distinção entre língua e dialeto não é de natureza, mas sim de prestígio político e cultural, além da maior extensão geográfica da língua comum.

Freqüentemente, desenvolve-se, dentro da língua comum, um outro tipo de língua comum, mais disciplinada, normatizada idealmente pela escolha de usos fonético-fonológicos, gramaticais e lexicais, considerados como padrões exemplares para todos os falantes de uma dada comunidade, devendo predominar em determinadas situações formais, sejam elas sociais, culturais ou administrativas. A essa modalidade, apoiado em Coseriu, Bechara dá o nome de língua exemplar. Ela caracteriza-se, portanto, por uma uniformidade maior que a língua comum, sendo sua normatização intencional.

Para o gramático, exemplaridade não deve ser confundida com correção. A língua exemplar é aquela que foi escolhida pelos falantes entre outras formas presentes na língua histórica. Não pressupõe nem o correto nem o incorreto, relacionando-se à arquitetura da língua histórica. O correto e o incorreto implicam juízo de valor, prevêem o falar de acordo com a estrutura funcional de qualquer variedade diatópica, diastrática ou diafásica. Relacionam-se, portanto, com a estrutura da língua funcional, que determinará seus padrões de correção, na medida em que ela se caracteriza como uma forma de falar com existência histórica. Em outras palavras, pressupõe o uso lingüístico de acordo com a língua funcional e com a tradição idiomática da comunidade de origem do falante, a qual pode mesmo não utilizar a língua exemplar. Assim, correto e incorreto relacionam-se à estrutura das línguas funcionais, que, historicamente, desenvolveram suas formas de falar.

Para Bechara, uma outra distinção essencial deve ser feita no estudo das línguas, aquela que se estabelece entre *sincronia* e *diacronia*. Sincronia é a referência à língua em um dado momento histórico, sintonizada com seus falantes e vista em seu funcionamento no falar como descrição sistemática e estrutural de um só sistema lingüístico ("língua funcional"). Diacronia, por sua vez, é referência à língua através do tempo, ou seja, no estudo histórico das estruturas de um sistema ("gramática histórica"), e como história da língua.

A base dessa distinção encontra-se em Coseriu (1980), que postula, no estado sincrônico da língua, a necessidade de se diferenciarem as duas espécies de tradição: *a técnica livre do discurso* e *o discurso repetido*. O primeiro diz respeito aos elementos da língua e às regras "atuais" de acordo com sua modificação e combinação, ou seja, as palavras e os instrumentos e procedimentos lexicais e gramaticais. O segundo compreende tudo o que no falar de uma comunidade se repete, ou seja, como discurso já produzido ou combinação mais ou menos fixa, como fragmento do "já dito".

Apresentados os conceitos de linguagem e língua, passemos ao de gramática. Nesta 37ª edição, Bechara faz a distinção entre dois tipos de gramática: a descritiva e a normativa, enfatizando que não devem ser confundidas. A primeira é apresentada como uma disciplina científica, cujo objetivo é registrar e descrever um sistema lingüístico em todos os seus aspectos. Dado o seu caráter científico, destaca o autor, ela não está preocupada em determinar o certo e o errado nos diferentes usos implicados na utilização de uma língua. A segunda, a gramática normativa, é uma disciplina pedagógica e não científica que tem por objetivo apresentar os fatos típicos da exemplaridade idiomática, passíveis de uso em situações sócio-lingüísticas específicas. Explicita as formas de se falar e de se escrever pautadas "nos escritores corretos, nos gramáticos e nos dicionaristas esclarecidos" (p. 52). Sendo uma disciplina pedagógica, cabe à escola ensinar não só a língua exemplar, típica da variedade padrão, como também lidar com os padrões de correção, implícitos na gramática normativa, como reflexo de uma determina língua funcional.

Em relação à distinção proposta por Bechara, gramática descritiva e gramática normativa, fica uma dúvida para o leitor: sua obra é normativa ou descritiva? Considerando-se suas palavras no primeiro parágrafo do Prefácio da 37ª edição, que retoma o expresso na primeira edição, diríamos que seu propósito é propor uma gramática normativa. Entretanto, no mesmo Prefácio, alguns parágrafos à frente, quando diz "... desta *Moderna gramática portuguesa*, que alia a preocupação de uma científica descrição sincrônica a uma visão sadia da gramática normativa, libertada do ranço do antigo *magister dixit* e sem baralhar os objetivos das duas disciplinas" (p. 20), o autor não só está desconsiderando o que afirmou, à página 52, sobre o caráter pedagógico e não científico da gramática normativa, como também parece estar assumindo uma posição híbrida, ao produzir uma gramática normativa, baseada na descrição científica, preocupação que já estava presente na primeira edição de sua obra. Essa posição confirma-se no tratamento dado à morfologia e à sintaxe, que são apresentadas sob a ótica da gramática descritiva e da normativa. Dessa forma, reafirma-se a dupla perspectiva sob a qual são focalizados os fatos lingüísticos. Em face do exposto, talvez não caiba a afirmação categórica feita à página 52, pois parece-nos que o trabalho de Bechara pode ser considerado como uma gramática descritiva da norma padrão, o que pode ser comprovado com o exemplo a seguir (p. 491-492), no qual o autor leva em consideração a variação lingüística, a língua em uso, sincronizada com os usuários, deixando de lado o rigor do gramático normativo:

Relativo universal
Freqüentes vezes a linguagem coloquial e a popular despem o relativo de qualquer função sintática, tomando-o por simples elemento transpositor oracional. A função que deveria ser exercida pelo relativo vem mais adiante expressa por substantivo ou pronome. A este relativo chamamos *universal*:
O homem QUE eu falei COM ELE.
em vez de:
O homem COM QUEM (ou COM QUE) eu falei.
A amizade é coisa QUE nem sempre sabemos SEU SIGNIFICADO.
em vez de:
A amizade é coisa CUJO SIGNIFICADO nem sempre sabemos.

Embora a língua-padrão recomende o correto emprego dos relativos, o relativo universal se torna, no falar despreocupado, um "elemento lingüístico extremamente prático". [KN. 1, 330]

Quanto à estrutura, outra categoria de análise, a presente edição está organizada de forma diferente das anteriores. A gramática está dividida em cinco partes, em lugar de sete e de um apêndice sobre análise estilística, encontrados nas versões precedentes. Na primeira parte, o autor trata das questões de fonética e de fonologia, mostrando a produção dos sons e a classificação dos fonemas. Na segunda parte, aborda a gramática descritiva e a normativa, explicando suas formas e funções, como a classe de palavras e as categorias gramaticais. Na terceira parte, expõe um estudo sobre a pontuação, mostrando os diversos tipos de sinais de pontuação. Na quarta parte, estuda as noções elementares da Estilística, tendo um apêndice com exemplos de análise estilística em dois sonetos: um de Antonio Nobre e outro de Machado de Assis. Na quinta parte, trata das noções elementares de versificação.

Detalhando-se o conteúdo de cada parte, verifica-se que, sob o título "Introdução", são abordados dois temas: a história da língua portuguesa e a teoria gramatical. Em relação a esta última, são focalizados aspectos relacionados à linguagem, como suas dimensões universais, seus planos e níveis como atividade cultural; a distinção entre língua histórica e língua funcional; os conceitos de norma, fala e tipo lingüístico; as propriedades dos estratos de estruturação gramatical; as noções de dialeto, de língua comum, de língua exemplar, de correção e de exemplaridade; as gramáticas científicas e a gramática normativa; as divisões da gramática e das disciplinas afins e, finalmente, a concepção de Lingüística do Texto. Já se evidencia, nessa parte introdutória, a atualização a que foram submetidos alguns conceitos, como o de língua, por exemplo, além da apresentação de aspectos da Lingüística Contemporânea, como o de linguagem e de Lingüística do Texto, inexistentes nas demais edições.

Segue-se a essa parte introdutória uma seção dedicada à Fonética e à Fonologia, que abrange a produção dos sons e a classificação dos fonemas tanto do ponto de vista da fonética descritiva, quanto da fonética expressiva ou fonoestética. Na seqüência, há tópicos destinados à ortoépia, à prosódia e à ortografia.

A segunda parte, denominada Gramática Descritiva e Normativa — As Unidades no Enunciado, trata de questões morfológicas e sintáticas. Em relação às primeiras, discute a distinção entre classes de palavras e categorias gramaticais, passando, em seguida, a caracterizar as diferentes classes de palavras, a estrutura das palavras e a estrutura lexical, tanto na perspectiva da gramática tradicional quanto na visão descritiva. No que tange à sintaxe, parte da estrutura do enunciado ou período, focalizando a oração e suas funções, as orações complexas e os grupos oracionais, detendo-se na subordinação, na coordenação e na justaposição; trata também das orações reduzidas e da frase. Em seguida, apresenta questões de concordância, regência e colocação. Após esses temas, há um apêndice que aborda as figuras de sintaxe e os vícios e as anomalias de linguagem. Ao tratar das classes de palavras, Bechara inicia esse tema focalizando formas e funções, fato que nos mostra sua preocupação com a funcionalidade da língua, decorrente da base teórica escolhida, os trabalhos de Coseriu. Diz ele:

> **Os diversos significados** — Quase sempre a gramática engloba numa mesma relação palavras que pertencem a grupos bem diferentes: *substantivo, adjetivo, artigo, numeral, pronome, verbo, advérbio, preposição, conjunção e interjeição*. Um exame atento facilmente nos mostrará que a relação junta palavras de natureza e funcionalidade bem diferentes com base em critérios categoriais, morfológicos e sintáticos misturados. E o elemento que as diferencia são os diversos significados que lhes são próprios. (p. 109)

Após tratar das classes gramaticais, com vistas à análise mórfica, focaliza a estrutura dessas unidades do ponto de vista constitucional e do conteúdo, a formação de palavras, a lexemática, as alterações semânticas, para, finalmente, adentrar na sintaxe, a qual também é discutida em uma perspectiva funcionalista, com base em autores como Emilio Alarcos Llorach, César H. Alonso, Mário Vilela e Eugenio Coseriu, entre outros.

A terceira parte é dedicada à pontuação, a quarta, a noções elementares de Estilística, e a quinta, a noções elementares de versificação.

No que tange ao princípio da adequação, dada a contemporaneidade do trabalho sob análise e das teorias que o fundamentam, ele não será aplicado. Convém ressaltar, como já foi exposto na Introdução deste livro, que a ausência desse princípio não invalida o trabalho historiográfico, uma vez que já há um distanciamento de nove anos em relação à publicação da obra e, sobretudo, porque os princípios da contextualização e da imanência foram rigorosamente observados.

Em síntese, quando comparada às edições anteriores, na publicação atual podem ser verificadas algumas alterações, como a ampliação dos assuntos tratados na Introdução, a junção entre morfologia e sintaxe num mesmo grande tópico (Gramática Descritiva e Normativa) e a eliminação do item destinado à Semântica, que foi redistribuído nas questões morfossintáticas. Cabe destacar também o aprofundamento teórico a que foram submetidos todos os tópicos tratados nessa gramática, indicando a consistente base lingüística e, portanto, científica, que esse compêndio gramatical apresenta. Nesse sentido, coerente com o clima de opinião de cada momento histórico, as edições anteriores revelam idéias lingüísticas típicas do Estruturalismo; a versão atual mostra, além de princípios estruturalistas e gerativistas, forte influência das concepções funcionais da linguagem e da Lingüística do Texto.

Nesse sentido, o trabalho de Bechara destaca-se de seus similares: não só pela busca da aproximação entre a gramática normativa e a descritiva, dando, a nosso ver, mais ênfase à segunda, mas também por considerar a mudança lingüística como aspecto constitutivo da língua, dada a relevância da sincronia em seu trabalho, tal como a concebe Coseriu; por valorizar a língua em uso e, conseqüentemente, a sua funcionalidade e, finalmente, por relacionar o nível gramatical e o textual, como se pode ver no tratamento dado à Antitaxe ou Substituição (p. 49), por exemplo. Por essas características, consideramos a *Moderna gramática portuguesa*, como instauradora de um novo paradigma nos estudos gramaticais, neste início do século XXI.

Da mesma forma que as anteriores, essa nova edição da *Moderna gramática portuguesa* será um firme esteio para aqueles que se interessam pelo estudo da Língua Portuguesa, estando-lhe reservado um percurso de sucesso. Sendo uma obra destinada a professores, o autor enuncia, no prefácio, sua expectativa de que a reflexão que ela propicia leve à "melhoria da vigente nomenclatura gramatical em nossos compêndios escolares". Esse parece ser um objetivo difícil de ser atingido, uma vez que o professor, tanto por falta de preparo quanto por ausência de autonomia, não apresenta condições para concretizar essas alterações. Essa mudança deveria resultar de um trabalho articulado entre pesquisadores e professores do ensino fundamental e médio, com o apoio das autoridades educacionais responsáveis pela aplicação das leis que orientam as práticas educativas, com vistas a que o ensino da língua materna na escola fosse não só útil, mas também prazeroso e pudesse realizar a "Educação Lingüística" de nossos estudantes, tornando-os "poliglotas na própria língua", tal como preconiza Bechara.

Referências bibliográficas

BARROS, D.P. de. "Comunicação humana". In: FIORIN, José (org.). *Introdução à lingüística — I. Objetos teóricos*. São Paulo: Contexto, 2002.

BECHARA E. *Moderna gramática portuguesa — Cursos de 1º e 2º graus com base na Nomenclatura Gramatical Brasileira e no último acordo ortográfico*. 19ª ed. São Paulo: Companhia Editora Nacional, 1975.

_____. *Ensino da gramática. Opressão? Liberdade?* São Paulo: Ática, 1985.

_____. *Moderna gramática portuguesa*. 37ª ed. rev. e ampl. Rio de Janeiro: Lucerna, 1999.

BLACKBURN, S. *Dicionário Oxford de filosofia*. Rio de Janeiro: Jorge Zahar, 1997.

COSERIU, Eugenio. *Sincronía, diacronía e historia — El problema del cambio lingüístico*. Madrid: Gredos, 1973.

_____. *Lições de Lingüística Geral*. Rio de Janeiro: Ao Livro Técnico, 1980. Trad. Evanildo Bechara.

DONATO, Hernâni. *Brasil: 5 séculos*. São Paulo: Academia Lusíada de Ciências, Letras e Artes, 2000.

FAUSTO, Boris. *História concisa do Brasil*. 2ª ed. São Paulo: Edusp, 2006.

HOBSBAWM, E. *Era dos Extremos — O breve século XX: 1914-1991*. São Paulo: Companhia das Letras, 1995.

JAPIASSÚ, H. e MARCONDES, D. (1996). *Dicionário básico de filosofia*. 3ª ed. rev. e ampl. Rio de Janeiro: Jorge Zahar Editor, 1996.

KOCH, I.G.V. *Desvendando os segredos do texto*. São Paulo: Cortez, 2002, cap. 1, p. 13-20.

LAGARDE & MICHARD. *XX e Siècle*. France: Bordas, 1965.

LYONS, J. *Introdução à Lingüística teórica*. São Paulo: C.E.N., 1979.

MAINGUENEAU, D. *Introdução à Lingüística*. 1ª ed. Lisboa: Gradiva, 1997.

MATTOS E SILVA, R.V. *Tradição gramatical e gramática tradicional*. São Paulo: Contexto, 1989.

_____. *Contradições no ensino de português*. São Paulo: Contexto, 1995.

NEVES, M.H.M. "Uma visão geral da Gramática Funcional". In: *ALFA — Revista de Lingüística: O funcionalismo em Lingüística*, v. 38. São Paulo: Editora da UNESP, 1994, p. 109-127.

PILETTI, Nelson e PILETTI, Claudino. *História e vida integrada*. São Paulo: Ática, 2002.

RIBEIRO, M.L.S. *História da educação brasileira: a organização escolar*. 15ª ed. rev. e ampl. Campinas, SP: Ed. Autores Associados, 1998.

ROMANELLI, O.O. *História da educação no Brasil*. 20ª ed. Petrópolis, RJ: Vozes, 1998.

SANTAELLA, L. *O que é semiótica*. São Paulo: Brasiliense, 1983.

SKIDMORE, Thomas E. *Uma história do Brasil*. São Paulo: Paz e Terra, 2003. Trad. Raul Fiker.

Considerações finais

Esta terceira obra, fruto de nossa pesquisa junto ao Grupo de Pesquisa Historiografia da Língua Portuguesa da IP-PUC/SP, que tem procurado guiar suas investigações nas trilhas dos princípios koernerianos baseados em *"idéias sobre a linguagem e proposições para sua descrição e explicação"*, fixa-se na segunda metade do século XX, época em que cresce a efervescência cultural, fixam-se novos paradigmas em que indivíduos passam à reorganização de pensamentos, à revisão de conceitos e à adaptação a novas tecnologias que revelam a terceira revolução pela qual o homem passa: a primeira refere-se à escrita, a segunda, à gramaticalização (Auroux) e a terceira, à convergência midiática.

O grande desafio dos trabalhos que compõem este livro foi focalizar o "tempo presente", prática historiográfica que não é atual, uma vez que já foi experienciada por Tucídides. Para Tétart (2000)[1],

> "... o tempo presente é um território histórico que desfruta de completo reconhecimento científico, pedagógico e editorial, decorrente de uma aposta intelectual de sucesso científico e de uma demanda social."

No contexto atual da sociedade do conhecimento, na qual as tecnologias da informação possibilitam a divulgação dos avanços científicos com

---

[1] TÉTART. Philippe. *Pequena História dos historiadores*. Bauru, SP: EDUSC, 2000.

grande rapidez, o historiador do tempo presente tem um papel de grande relevância na interpretação do tempo próximo, do qual, muitas vezes, é partícipe. A legitimidade de seu trabalho funda-se "no rigor com o qual ele define seu campo de investigação, seu método, fontes, posição perante uma história que viveu freqüentemente como cidadão". (Tétart, 2000:134)

Hobsbawm (1998)[2], ao discutir o "presente como história", destaca três vantagens do historiador do século XX que vivenciou fatos de seu tempo. São elas:
— consciência das mudanças pelas quais a sociedade passou;
— possibilidade de apreciação da alteridade do passado recente, como recurso de diferenciação do momento atual;
— as mudanças nas gerações como fator fundamental tanto para a escrita quanto para a prática da história no século XX, ou seja, a geração que participou de fatos relevantes de uma nação determina mudanças na sua política.

Considerando os desafios de se fazer história do presente, ele assim se manifesta:

> Falo como alguém que atualmente tenta escrever sobre a história de seu próprio tempo e não como alguém que tenta mostrar o quanto é impossível fazer isso. Porém, a experiência fundamental de todos que viveram grande parte desse século é erro e surpresa. O que aconteceu foi, quase sempre, totalmente inesperado. Todos nós nos equivocamos mais de uma vez em nossas avaliações e expectativas. [...] Independentemente de nossa reação, a descoberta de que nos enganamos, de que não podemos ter entendido adequadamente, deve ser o ponto de partida de nossas reflexões sobre a história de nosso tempo. (p. 254)

Assim, tendo essas orientações como referência, neste livro, buscamos, mais uma vez, trazer à reflexão dos leitores a concepção de gramática que, na segunda metade do século XX, é construída por estudiosos da Língua Portuguesa. *Retomamos o destaque de que a construção de uma gramática ou de um dicionário estabelece incontinênti a questão do ensino, determinando não só a aplicação desses instrumentos na instituição escolar, mas principalmente a constituição do saber e da língua na escola.* Dessa forma, podemos asseverar que a observação das gramáticas produzidas nas cinco

---

[2] HOBSBAWM, Eric. *Sobre História*. São Paulo: Companhia das Letras, 1998.

últimas décadas do século XX leva-nos não só aos princípios condutores do ensino da língua materna, como também às concepções gramaticais que os orientaram. Permanecemos, então, nesse mesmo objetivo, que, para ser atingido, segue os princípios e critérios propostos pela Historiografia Lingüística.

Em relação aos critérios, analisamos as fontes primárias selecionadas, gramáticas significativas do período do século em questão, e respeitamos os seguintes passos investigativos: seleção: escolha de gramáticas; ordenação: organização cronológica dos documentos estudados; reconstrução: reconstituição do conhecimento lingüístico dos documentos selecionados e interpretação crítica de sua produção, considerando-se o espírito da época em que foram produzidos e, finalmente, a busca das dimensões cognitiva — determinação das linhas teórico-metodológicas que orientaram a produção em estudo — e social — explicitação da relação dos gramáticos estudados com a visão de mundo de sua época.

Quanto aos princípios, fincamo-nos nos três princípios koernerianos da contextualização, da imanência e da adequação, procurando reconstruir o espírito de época ou a visão de mundo dominante em cada um dos momentos da segunda metade do século XX, explicitando linhas-mestras em torno das quais o clima de opinião é construído. Assim, o século XX caracteriza-se como o período de multiplicidades, aceleração extrema que leva Sevcenko (2001) a comparar a corrida para o século XXI ao *loop* da montanha-russa[3]. Em seguida, passamos à imanência, por meio das análises das obras selecionadas, buscando delinear as tendências teóricas presentes em cada um dos autores que receberam influências de seus antecessores e influenciaram seus sucessores. Finalizando, traçamos aproximações com as tendências atuais, estabelecendo elos de ligação e distanciamentos entre posturas.

Por fim, devemos afirmar que damos a público mais um volume comprometido com a Gramaticografia da Língua Portuguesa atinente à segunda metade do século XX. Os autores selecionados em sua totalidade refletem sobre questões de linguagem, língua e gramática, de acordo com o seu tempo, contrapondo-se a ele ou endossando os preceitos teóricos propostos num século que iniciava vertiginosamente a corrida para o tecnologismo adotado no início do século XXI.

---

[3] SEVCENKO, Nicolau. *A corrida para o século XXI: no loop da montanha-russa*. São Paulo: Companhia das Letras, 2001.

Buscamos, então, mais uma vez, colaborar com a construção da História da Gramática Portuguesa, sob a perspectiva da Historiografia Lingüística, com o objetivo de rever o passado de maneira explicativa e crítica, o que nos propicia o conhecimento das obras que deram sustentação aos estudos de Língua Portuguesa, proporcionando-nos clareza no entendimento do presente e preparando-nos para o futuro, para que consigamos manter *acesa a chama do espírito nacional pelo conhecimento da língua.*[4]

---

[4] BASTOS, N.B. e PALMA, D.V. *História entrelaçada 2: a construção de gramáticas e o ensino de Língua Portuguesa na primeira metade do século XX*. Rio de Janeiro: Lucerna, 2006, p. 159.

Os autores

Neusa Maria Oliveira Barbosa Bastos

Pós-doutora pela Universidade do Porto/Portugal. Doutora em Lingüística Aplicada ao Ensino de Línguas pela Pontifícia Universidade Católica de São Paulo (PUC/SP). Professora Titular do Departamento de Português da Faculdade de Comunicação e Filosofia da PUC/SP e do Departamento de Letras da Universidade Presbiteriana Mackenzie. Vice-Coordenadora do NEL-UPM (Núcleo de Estudos Lusófonos). Líder do Grupo de Pesquisas Historiografia da Língua Portuguesa (IP-PUC/SP) e Vice-Líder do Grupo de Pesquisas Língua e Identidade no Universo da Lusofonia (UPM). Supervisora do IP-PUC/SP (Instituto de Pesquisas Lingüísticas *Sedes Sapientiae* para Estudos do Português da PUC/SP) e Assessora da Vice-Reitoria Acadêmica da PUC/SP. Consultora e parecerista *ad hoc* de órgãos de fomento como CAPES e FAPESP e parecerista de revistas científicas especializadas. Orientadora de pós-graduandos e graduandos. Autora de artigos em anais e revistas nacionais e internacionais e, em 2007, dos livros e capítulos de livros: BASTOS, N.B., FÁVERO, L.L., MARQUESI, S.C. (orgs.). *Língua Portuguesa: pesquisa e ensino* — v. I — ISBN 85-283-0358-6 — 190 p. — EDUC/IP-PUC/SP/FAPESP, 2007; BASTOS, N.B., FÁVERO, L.L., MARQUESI, S.C. (orgs.). *Língua Portuguesa: pesquisa e ensino* — v. II — ISBN 85-283-0337-3 — 231 p. — EDUC/IP-PUC/SP/FAPESP, 2007; BASTOS, N. B. "Gramaticografia portuguesa — séculos XVI e XIX". In: BASTOS, N.B.,

FÁVERO, L.L., MARQUESI, S.C. (orgs.). *Língua Portuguesa: pesquisa e ensino* — v. I — ISBN 85-283-0358-6 — 190 p. — EDUC/IP-PUC/SP/FAPESP, 2007. p. 141-152; BASTOS, Neusa Barbosa & BRITO, Regina Helena Pires de. "Dimensão semântica e perspectivas do real: comentários em torno do conceito de lusofonia". In: MARTINS, Moisés de Lemos; SOUSA, Helena e CABECINHAS, Rosa. (orgs.). *Comunicação e lusofonia. Para uma abordagem crítica da cultura e dos media*. Porto: Campo das Letras — Universidade do Minho, 2007, v. 1, p. 65-87 — ISBN: 978-989-625-119-2; BASTOS, N.M.O.B., BRITO, Regina Helena Pires de. "Lusofonia: políticas lingüísticas e questões identitárias". In: MARTINS, Moisés de Lemos; SOUSA, Helena e CABECINHAS, Rosa (orgs.). *Comunicação e lusofonia. Para uma abordagem crítica da cultura dos media*. Porto: Campo das Letras e Universidade do Minho, 2007, v. 1, p. 111-122 — ISBN: 978-989-625-119-2.

Dieli Vesaro Palma

Pós-doutora pela Universidade do Porto/Portugal. Mestre em Língua Portuguesa e Doutora em Lingüística Aplicada ao Ensino de Línguas pela Pontifícia Universidade Católica de São Paulo (PUC/SP). Graduada em Curso de Letras Português-Francês pela Universidade Presbiteriana Mackenzie (1969). Especialista em Semântica Portuguesa pela Pontifícia Universidade Católica de São Paulo (1971) e em Análises Sintática e Semântica pela Pontifícia Universidade Católica de São Paulo (1973). Professora Associada do Departamento de Português da Faculdade de Comunicação e Filosofia da PUC/SP e do Departamento de Letras da Universidade Presbiteriana Mackenzie. Pesquisadora do IP-PUC/SP (Instituto de Pesquisas Lingüísticas *Sedes Sapientiae* para Estudos do Português da PUC/SP) e Vice-Reitora Acadêmica Adjunta da PUC/SP. Parecerista *ad hoc* de várias instituições e de revistas científicas especializadas. Orientadora de pós-graduandos e graduandos. Autora de artigos em anais e revistas nacionais e internacionais e, em 2007, do capítulo de livro: PALMA, Dieli Vesaro. "A presença do mito em narrativas modernas: marcas do pensar por oposição". In: BASTOS, N.B., FÁVERO, L.L., MARQUESI, S.C. (orgs.). *Língua Portuguesa: pesquisa e ensino* — v. I — ISBN 85-283-0358-6 — 190 p. — EDUC/IP-PUC/SP/FAPESP, 2007. ZANOTTO, Mara Sophia e PALMA, Dieli Vesaro. "Opening Pandora's Box — Multiple readings of a metaphor". In: ZANOTTO, Mara Sophia; CAMERON, Lynne e CAVALCANTI, Marilda (orgs.). *Confronting Metaphor in Use*. Amsterdam: John Benjamins Publishing Company, 2007.

José Everaldo Nogueira Júnior

Mestre e Doutor em Língua Portuguesa, pela PUC/SP, onde também leciona na graduação e pós-graduação *lato sensu*. Membro do Grupo de Pesquisa em Historiografia da Língua Portuguesa (do Instituto de Pesquisa *Sedes Sapientiae* para estudos do Português, da PUC/SP). Vice-líder do Grupo de Pesquisa Memória e Cultura da Língua Portuguesa Escrita no Brasil e participante da Associação Internacional de Lusitanistas. Atuou em Programas de Educação Continuada e também como professor especialista na Proposta de Formação Continuada a Distância (via Web) para Professores de Ensino Médio: Práticas de Leitura e Escrita na Contemporaneidade. Participou de congressos nacionais e internacionais, com publicação de trabalhos em anais, revistas e livros, sendo o mais recente: "Independência ou ressurreição: o português na primeira metade do século XIX no Brasil". In: NASCIMENTO, J.V. *Historiografia Lingüística — rumos possíveis*. São Paulo: Pulsar, 2005.

Maria de Fátima Mendes

Mestre e Doutoranda no Programa de Estudos Pós-Graduados em Língua Portuguesa na PUC/SP. Licenciada em Letras pelo Centro Universitário FIEO. Professora efetiva de Inglês e Português na rede pública do Estado de São Paulo. Professora e Coordenadora do curso de Língua Inglesa na Associação de Jovens e Adultos Mutinga (SAJAM). Participante como comunicadora de trabalhos em congressos no Rio de Janeiro, Taubaté e Franca. Pesquisadora do Grupo de Pesquisas em Historiografia da Língua Portuguesa (GPeHLP) do IP-PUC/SP.

Maria Ignez Salgado de Mello Franco

Professora Mestre do Departamento de Português da Faculdade de Comunicação e Filosofia da Pontifícia Universidade Católica de São Paulo (PUC/SP). Vice-Coordenadora do Curso de Letras: Português da PUC/SP. Integrante do Grupo de Pesquisas de Historiografia da Língua Portuguesa, enfocando as Gramáticas de Portugal e do Brasil, sob a coordenação das Professoras Doutoras Neusa Maria Oliveira Barbosa Bastos e Dieli Vesaro Palma. Integrante do Grupo de Pesquisas de Gramática Funcional, sob a coordenação das Professoras Doutoras Dieli Vesaro Palma e Jeni Turazza. Comunicações e resumos publicados em anais de congressos ou periódicos. Autora de capítulo publicado em livro: "Primeira metade do século XIX: em busca da identidade nacional: Frei Joaquim do Amor Divino e Caneca". In: BASTOS, N.B. e PALMA, D.V. (orgs.). *História entrelaçada — A construção de gramática e o ensino da língua portuguesa do século XVI ao XIX.* Rio de Janeiro: Lucerna, 2004, p. 91-116. ISBN 85-86930-34-2. Coautora de capítulo publicado em livro: "Napoleão Mendes de Almeida e a *Gramática metódica da língua portuguesa".* In: BASTOS, N.B. e PALMA, D.V. (orgs.). *História entrelaçada 2 — A construção de gramáticas e o ensino de língua portuguesa na primeira metade do século XX.* Rio de Janeiro: Lucerna, 2006, p. 118-141. ISBN 85-86930-53-9.

MARIA MERCEDES SARAIVA HACKEROTT

Doutora em Semiótica e Lingüística Geral pela Universidade de São Paulo (USP) e Mestra em Lingüística Aplicada ao Ensino de Línguas pela Pontifícia Universidade Católica de São Paulo (PUC/SP). Pesquisadora do IP-PUC/SP (Instituto de Pesquisas Lingüísticas *Sedes Sapientiae* para Estudos do Português da PUC/SP), onde desenvolve trabalhos na área de Historiografia Lingüística.

MARILENA ZANON

Doutora e Mestre em Língua Portuguesa, pela Pontifícia Universidade de São Paulo (PUC-SP). Professora do Departamento de Português da Faculdade de Comunicação e Filosofia da PUC-SP. Autora dos artigos: "A arte da *Grammatica da língua portugueza*, de Reis Lobato e sua contribuição para o ensino do português no Brasil do século XVIII", em conjunto com Rosemeire Leão da Silva Faccina. In: BASTOS, N.B. e PALMA, D.V. (orgs.). *História entrelaçada — A construção de gramática e o ensino da língua portuguesa do século XVI ao XIX.* Rio de Janeiro: Lucerna, 2004, p. 75-89. ISBN 85-86930-34-2. e "A *Gramática portuguesa* de Mário Pereira de Souza Lima", em conjunto com Miguél Eugenio Almeida. In: BASTOS, N.B. e PALMA, D.V. (orgs.). *História entrelaçada 2 — A construção de gramáticas e o ensino de língua portuguesa na primeira metade do século XX.* Rio de Janeiro: Lucerna, 2006, p. 102-117. ISBN 85-86930-53-9. Participante do GT de Historiografia Lingüística (Instituto de Pesquisas Lingüísticas *Sedes Sa-*

pientiae para Estudos do Português da PUC-SP. Autora de artigos publicados na Revista *Excelência*, especializada ao profissional de secretariado. Diretora de Treinamento, Desenvolvimento e Educação (gestão 2008-2012), do SINSESP-Sindicato dos Secretários do Estado de São Paulo. Publicação de Artigo sobre Aspectos da gramatização no Brasil, na Revista *Arandu*, de Dourados-MT, nº 14.

Maurício Silva

Professor de Língua Portuguesa e Literatura Brasileira (graduação e pós-graduação) no *Centro Universitário Nove de Julho* (Uninove), em São Paulo; Doutor e Pós-doutor em Letras Clássicas e Vernáculas pela *Universidade de São Paulo*; membro da *American Association of Teachers of Spanish and Portuguese* (University of Northern Colorado), da *Brazilian Studies Association* (University of New Mexico), da *Modern Language Association* (Nova York) e outras associações nacionais e estrangeiras; pesquisador do Instituto de Pesquisas Lingüísticas *Sedes Sapientiae* para Estudos de Português (PUC-SP); autor dos livros: *O Pensamento dominado: estrutura e prática do texto dissertativo* (Plêiade, São Paulo, 1998); *Sentidos secretos: ensaios de literatura brasileira* (Altana, São Paulo, 2005); *A Hélade e o subúrbio: confrontos literários na* Belle Époque *Carioca* (São Paulo, Edusp, 2006); possui trabalhos publicados em livros e periódicos diversos, como *Magma* (Universidade de São Paulo), *Itinerários* (Unesp/Araraquara), *Letras* (Universidade Federal do Paraná), *Revista de Estudos da Linguagem* (Universidade Federal de Minas Gerais), *Luso-Brazilian Review* (Estados Unidos), *Inter-American Review of Bibliography* (Estados Unidos), *Les Langues Neo-Latines* (França), *Nordic Journal of Latin American Studies* (Suécia) e outros.

Miguél Eugenio Almeida

Doutor em Língua Portuguesa pela PUC-SP. Mestre em Filosofia pela Universidade Federal de Santa Maria (UFSM), RS. Licenciado em Filosofia pela Universidade Federal de Santa Maria, RS; e Letras (base Português) pela Faculdade de Filosofia, Ciências e Letras "Imaculada Conceição" (FIC), Santa Maria-RS. Professor do Curso de Letras (Habilitação: Português-Inglês) na Universidade Estadual de Mato Grosso do Sul (UEMS), Unidade Universitária de Jardim, MS. Foi Professor da Fundação para o Desenvolvimento do Noroeste do Estado do Rio Grande do

Sul (FIDENE), Ijuí-RS; da Faculdade de Letras e Educação de Vacaria (FALEV), RS; e da Rede Pública do Estado do Rio Grande do Sul (Ensino Médio e Fundamental). Pesquisador do GPeNCD (Grupo de Pesquisa Estudos Clássicos e Diacrônicos, na UEMS); do GPeHLP (Grupo de Pesquisa Historiografia da Língua Portuguesa do IP-PUC/SP) e do Projeto de Pesquisa "Luzes do Passado" — Estudos Diacrônicos do Português — UEMS/FUNDECT (MS). Participante de vários congressos nacionais e internacionais, com publicação de resumos, trabalhos em anais, revistas e capítulo de livro: "A *Gramática Portuguesa* de Mário Pereira de Souza Lima". In: *História entrelaçada 2: a construção de gramáticas e o ensino de Língua Portuguesa na primeira metade do século XX* [2006], sob a organização da Professora Doutora Neusa Barbosa Bastos e da Professora Doutora Dieli Vesaro Palma.

Nancy dos Santos Casagrande

Mestre e Doutora pela PUC/SP, Professora Associada do Depto. de Português na mesma universidade desde 2004. Professora da disciplina *Redação e Linguagem Jurídica* no curso de Direito na mesma instituição. Membro do Grupo de Pesquisa *Historiografia da Língua Portuguesa*, vinculado ao IP — Instituto *Sedes Sapientiae* para Estudos de Português da PUC/SP, cadastrado no CNPq e do Grupo de Pesquisa em *Lingüística Funcional*, vinculado ao mesmo Instituto. Autora dos artigos: "Ensino de língua portuguesa e políticas lingüísticas: séculos XVI e XVII". In: *Língua portuguesa: uma visão em mosaico,* publicado pela EDUC, em 2002. "A *Gramática da linguagem portuguesa* de Fernão de Oliveira: desvelando a relação entre gramática e ensino no século XVI". In: *História entrelaçada — A construção de gramáticas e o ensino de língua portuguesa do século XVI ao XIX*, editora Lucerna, 2004. Autora do livro *A implantação da língua portuguesa no Brasil do século XVI: um percurso historiográfico*, publicado pela EDUC em 2005.

Patrícia Leite Di Iório

Doutoranda e Mestre em Língua Portuguesa pela Pontifícia Universidade Católica de São Paulo (PUC/SP). Docente no curso de Pós-graduação *Lato Sensu* em Língua Portuguesa e de Língua Portuguesa na graduação da Universidade Cruzeiro do Sul — Unicsul. Pesquisadora do Grupo de Pesquisa em Historiografia da Língua Portuguesa do Instituto de Pesquisas Lingüísticas *Sedes Sapientiae* para Estudos do Português da PUC/SP e do Grupo Temático Memória e Discurso da Unicsul. Orientadora de Iniciação Científica na Unicsul. Autora de artigos em anais e revistas nacionais e internacionais e autora de livros e capítulos: BASTOS, N.M.O.B.; NOGUEIRA, S.M.; IÓRIO, P.L. "Língua portuguesa e ensino (séculos XIX e XX): perspectivas historiográficas". In: HENRIQUES, C.C.; SIMÕES, D. *Língua Portuguesa: reflexões sobre descrição, pesquisa e ensino*. Editora Europa, 2005. IÓRIO, P.L.; LOMBARDI, R.F.; SPARANO, M. (orgs.). *A formação do professor de língua(s): interação entre o saber e o fazer*. Editora Andross, 2006. IÓRIO, P.L. "Histórias da profissionalização do professor no Brasil". In: IORIO, P.L.; LOMBARDI, R.F.; SPARANO, M. (orgs.). *A formação do professor de língua(s): interação entre o saber e o fazer*. Editora Andross, 2006. IÓRIO, P.L.; FRANCO, M.I.S.M. "Napoleão Mendes de Almeida e a *Gramática metódica da Língua Portuguesa*". In: PALMA, D.V; BASTOS, N.B. (org.). *História entrelaçada 2: a construção de gramáticas e o ensino de língua portuguesa na 1ª metade do século XX*. Rio de Janeiro: Lucerna, 2006. IÓRIO, P.L.; JARMENDIA, A.M. SILVEIRA, I.F. FARIAS, L.A. DOMINGUES, S.F.S. *Aprender na prática: experiências de ensino e aprendizagem*. Edições Inteligentes/UNICSUL, 2007. IÓRIO, P.L.; COLCCIONI, M.M. "Leituras contemporâneas: a busca pela interdispliaridade". In: IÓRIO, P.L.; JARMENDIA, A.M. SILVEIRA, I.F. FARIAS, L.A. DOMINGUES, S.F.S. *Aprender na prática: experiências de ensino e aprendizagem*. Edições Inteligentes/UNICSUL, 2007.

REGINA HELENA PIRES DE BRITO

Docente do Programa de Pós-Graduação em Letras e Coordenadora do Núcleo de Estudos Lusófonos da UPM. Pós-doutora pela Universidade do Minho/Portugal e Doutora pela FFLCH-USP. Pesquisadora Associada do Centro de Estudos Portugueses da USP, Líder do Grupo de Pesquisas Língua e Identidade no universo da Lusofonia e Membro do Grupo de Pesquisas em Historiografia Lingüística do IP-PUC/SP e Membro do Conselho Diretivo do Instituto Nacional de Lingüística de Timor-Leste. Orientadora de pós-graduandos e graduandos. Autora de artigos em anais e revistas nacionais e internacionais e, em 2007, dos seguintes capítulos: BASTOS, Neusa Barbosa & BRITO, Regina Helena Pires de. "Dimensão semântica e perspectivas do real: comentários em torno do conceito de lusofonia".

In: MARTINS, Moisés de Lemos; SOUSA, Helena e CABECINHAS, Rosa. (orgs.). *Comunicação e lusofonia. Para uma abordagem crítica da cultura e dos media*. Porto: Campo das Letras — Universidade do Minho, 2007, v. 1, p. 65-87 — ISBN: 978-989-625-119-2; BASTOS, N.M.O.B., BRITO, Regina Helena Pires de. "Lusofonia: políticas lingüísticas e questões identitárias". In: MARTINS, Moisés de Lemos; SOUSA, Helena e CABECINHAS, Rosa. (orgs.). *Comunicação e lusofonia. Para uma abordagem crítica da cultura dos media*. Porto: Campo das Letras e Universidade do Minho, 2007, v. 1, p. 111-122 — ISBN: 978-989-625-119-2.

Rosemeire Leão da Silva Faccina

Professora de Língua Portuguesa e Metodologia Científica do Centro de Comunicação e de Letras e do Programa de Pós-Graduação em Letras da Universidade Presbiteriana Mackenzie. Mestre e Doutora em Língua Portuguesa pela PUC/SP. Pesquisadora do GPeHLP (Grupo de Pesquisa Historiografia da Língua Portuguesa do IP-PUC/SP e do Núcleo de Estudos Lusófonos (NEL) da Universidade Presbiteriana Mackenzie. Co-autora do livro *Língua Portuguesa — redação técnica em uso*. São Paulo: Umberto Pugliesi Editora, 1999. Publicação do artigo "Século XX — Interculturalismo no ensino de línguas materna e estrangeiras: inglês e espanhol", no VI Simpósio Internacional de Comunicación Social, 2003, Santiago de Cuba. Co-autora do livro *Sensibilizando para a comunicação em língua portuguesa: uma experiência em Timor-Leste*. (2006). Co-autora de capítulos de livro nas obras *História entrelaçada 1* (2004) e *2* (2006). Pós-doutora em Língua Portuguesa na Universidade do Porto — Portugal, 2007.

Sandra Alves da Silva

Mestre em Língua Portuguesa pela Pontifícia Universidade Católica de São Paulo (PUC/SP). Graduada em Curso de Letras, Português, pela Pontifícia Universidade Católica de São Paulo. Pesquisadora e Secretária do IP-PUC/SP (Instituto de Pesquisas Lingüísticas *Sedes Sapientiae* para Estudos do Português da PUC/SP). Membro do Grupo de Pesquisas em Historiografia da Língua Portuguesa do IP-PUC/SP. Professora aposentada do ensino fundamental e médio. Autora de resumos em cadernos de resumos de eventos nacionais e internacionais.

Sônia Maria Nogueira

Doutoranda pela Pontifícia Universidade Católica de São Paulo em Língua Portuguesa (PUC/SP), com estágio na Universidade do Porto/Portugal. Mestre em Língua Portuguesa pela Pontifícia Universidade Católica de São Paulo (PUC/SP). Mestre em Educação pela UEMA-IPLAC/Cuba. Professora assistente-mestre do Departamento de Letras da Universidade Estadual do Maranhão (UEMA). Parecerista de revistas científicas especializadas. Professora de cursos de graduação e pós-graduação *lato sensu* na UEMA. Orientadora de pós-graduandos e graduandos. Pesquisadora do Grupo de Pesquisa Historiografia da Língua Portuguesa (GPeHLP) do IP-PUC/SP. Autora de artigos em anais nacionais e internacionais e revistas especializadas e, em 2006, de capítulo de livro: "Gramática e ensino de português no Maranhão do século XIX: *Grammatica Elementar da Lingua Portugueza*, de Filippe Benicio de Oliveira Condurú". In: BASTOS, N.B. & PALMA, D.V. (orgs.). *História entrelaçada 2: a construção de gramáticas e o ensino de Língua Portuguesa na primeira metade do século XX* — ISBN 85-86930-53-9 — p. 17-40.

Vera Lucia Harabagi Hanna

Professora Adjunta do Departamento de Línguas Estrangeiras Modernas do Centro de Comunicação e Letras da Universidade Presbiteriana Mackenzie, São Paulo, Brasil, desde 1985. Mestre em Educação, Arte e História da Cultura pelo Programa de Pós-Graduação em Educação, Arte e História da Cultura da Universidade Presbiteriana Mackenzie. Doutora em Historiografia Lingüística no Programa de Estudos Pós-Graduados em Língua Portuguesa da Pontifícia Universidade Católica de São Paulo — PUC/SP. Pesquisadora do IP-PUC/SP (Instituto de Pesquisas Lingüísticas *Sedes Sapientiae* — da Pontifícia Universidade Católica de São Paulo). Pesquisadora do CNPq no âmbito dos Estudos Culturais e Ensino de Língua Materna, Língua Estrangeira. Dedica-se, também, à área dos Estudos Americanos a partir de uma visão de transnacionalidade, além das fronteiras do nacional (EUA). Parecerista *ad hoc* de revistas científicas especializadas. Autora de vários artigos em anais e revistas nacionais e internacionais, assim como capítulos em livros. Participante da Comissão Editorial e Executiva da revista *Todas as Letras, Revista de Língua e Literatura da UPM*. Presidente da ABEA (Associação Brasileira de Estudos Americanos).

Conselho editorial Lucerna
Angela Paiva Dionisio
Carlos Eduardo Falcão Uchôa
Dino Fioravante Preti
Evanildo Cavalcante Bechara
Ingedore Grunfeld Villaça Koch
José Luiz Fiorin
Leonor Lopes Fávero
Luiz Carlos Travaglia
Neusa Maria de Oliveira Barbosa Bastos
Ricardo Stavola Cavaliere
Sueli Cristina Marquesi
Valter Kehdi

Produção editorial
Daniele Cajueiro
Shahira Mahmud

Revisão
Fátima Maciel
Phellipe Marcel

Diagramação
Abreu's System

Este livro foi impresso no Rio de Janeiro, em abril de 2008, pela Ediouro Gráfica, para a Editora Nova Fronteira. A fonte usada no miolo é Minion Pro, corpo 11,5/14. O papel do miolo é offset 75g/m², e o da capa é cartão 250g/m².

Visite nosso *site*: www.novafronteira.com.br